LUIS CARANDELL

Las anécdotas de la política

LUIS CARANDELL

Las anécdotas de la política

Edición especial realizada por Editorial Planeta, S.A.

Primera edición: julio 2004
ISBN: 84-08-05454-6
Depósito legal: M-26.616-2004
Impreso por Mateu Cromo

Impreso en España - Printed in Spain

ÍNDICE

PRÓLOGO

Una anécdota es, según el Diccionario de la Academia, *«un relato breve de un hecho curioso que se hace como ilustración, ejemplo o entretenimiento». También puede ser «un suceso irrelevante» que no afecta al fondo de la cuestión de la que se habla. En la primera acepción, que es la que aquí viene a cuento, la anécdota no refleja ni pretende reflejar toda la historia de lo que sucedió y alguien está narrando. Sirve simplemente para iluminar algún aspecto de ella, para ejemplarizar un comportamiento o bien para describir algún rasgo del carácter de un personaje.*

Las anécdotas políticas cuentan hechos y dichos de emperadores, reyes, gobernantes y otras figuras que tienen un lugar en la historia. Y también frases o ejemplos de pensadores que se ocuparon del arte de la Política. Para el anecdotario, sin embargo, no sirve cualquier hecho o cualquier dicho de estos personajes. Se precisa que esté formulado de manera ingeniosa, aunque no necesariamente humorística, en obsequio a la brevedad e intención del relato.

En el acervo riquísimo del anecdotario político universal hay ejemplos para todos los gustos: desde la anécdota de contenido moralizante hasta la que pone de relie-

ve el cinismo del político en cuestión; desde la que exalta la benevolencia de un personaje hasta la que justifica el rigor con que castigó a sus enemigos; o bien, desde la que glorifica el poder hasta la que hace resaltar su efímero carácter.

Sería vano pretender hacer una historia del mundo a través de las anécdotas que se cuentan de sus personajes más significativos. El anecdotario político sirve más bien para dar una visión, quizá diríamos mejor una vislumbre, del arte de la Política y de su evolución a lo largo de la historia; una aproximación a la manera de ser y de actuar de los políticos o, más bien, a cómo la gente piensa que los políticos son y actúan.

*A menudo, cuando se cuentan anécdotas políticas se dice aquello de que «*se non é vero é ben trovato*». Y es porque mantienen su interés aunque no sean del todo ciertas históricamente hablando. Además, las anécdotas suelen tener muchas variantes y se aplican frecuentemente a diferentes personajes. Y no faltan personajes actuales que se cuelgan anécdotas de figuras del pasado.*

Sin duda, habrá habido reyes y gobernantes dotados del ingenio necesario para dar origen, con un gesto o una palabra, a anécdotas divertidas o aleccionadoras. Pero es muy probable que, en torno de los grandes de la tierra, haya habido personas capaces de inventar para ellos hechos y dichos célebres, asegurando así a sus señores un lugar en el anecdotario; o bien de destruir mediante historias inventadas o exageradas la fama de sus adversarios y enemigos políticos. Así, el halago por una parte y la maledicencia por otra habrán contribuido también a engrosar las antologías anecdóticas.

Hay personajes históricos de los que se cuentan muchas más anécdotas que de otros. Puede ser que tuvieran mayor ingenio o que pagaran mejor a los encargados de contar lo que hacían y decían. Por poner algunos ejemplos, se cuenta y no se acaba de personajes como Alejandro Magno, el emperador Augusto, Calígula, Nerón, Vespasiano, en la Antigüedad o, en la Edad Moderna, Enrique IV de Francia, Felipe II y Felipe IV de España, Luis XIV, Cromwell, Carlos III, Voltaire; en el siglo XIX, Isabel II, la reina Victoria, Lincoln, Bismarck o los políticos ingleses Disraeli y Gladstone y los españoles Cánovas del Castillo, Sagasta o Castelar; o bien, en el XX, el primer ministro francés Clemenceau o los británicos Lloyd George y Churchill, de inagotable ingenio.

Con estos y otros grandes de la Política, el antólogo lo tiene fácil. Mucho de lo que hacen o dicen da materia a las anécdotas. Pero hay otros muchos personajes a los que no se les saca un gesto o una palabra que llevar a la antología. Y hay también épocas de la historia del mundo particularmente ricas en episodios anecdóticos. O, mejor dicho, épocas que encontraron mejores cronistas que otras para contar lo que pasaba.

Los antiguos identificaron la historia de un país con la de sus reyes y gobernantes. Así lo hacían los cronistas romanos, cuyas historias son a menudo una sucesión de anécdotas de sus grandes hombres. Los modernos, con mejor acuerdo, prefieren contar la historia de los pueblos, dando mayor relieve a las mayorías que a las individualidades. Los hechos y dichos de los personajes cuyo nombre se recuerda son de la incumbencia de sus biógrafos y sólo pasan a la historia general cuando hicieron cambiar el curso de los acontecimientos o resultaron representativos del espíritu de un país o de una época.

Nadie duda de que el «alea jacta est», «la suerte está echada», de Julio César cuando atraviesa el Rubicón *desafiando al Senado romano es un hecho histórico, en la medida en que la historia habría sido diferente si César se hubiera comportado de otra manera. Que Luis XIV de Francia dijera, si es que realmente lo dijo, «El Estado soy yo», es histórico también porque con esta frase el Rey Sol definió el Absolutismo. Nada habría cambiado si Napoleón no hubiese dicho en Egipto aquello de que «Desde lo alto de las pirámides cuarenta siglos os contemplan», aunque la frase debió de enardecer a sus soldados y ha quedado como una arenga muy propia del siglo XIX. Tanto como lo fue del XX la de Churchill al decirles a los ingleses amenazados por la tiranía nazi que sólo podía ofrecerles «esfuerzo, sangre, sudor y lágrimas» para la defensa de su país.*

Define todo un carácter que el emperador Octavio César Augusto preguntara a los que le rodeaban en su lecho de muerte si les había gustado cómo había representado su papel en la comedia de la vida; y, al asentir ellos, les pidiera un aplauso. El cinismo que a menudo se atribuye a los políticos queda expresado en una frase de Talleyrand cuando decía que «hay una cosa mucho peor que la calumnia, y es la verdad». Y la mejor descripción de cómo debe contestar un diplomático la dio Metternich al presentar a Napoleón sus cartas credenciales como embajador de Austria. «Es usted muy joven», dijo el emperador. Y Metternich respondió: «Tengo la edad que tenía Vuestra Majestad el día de la victoria de Austerlitz.»

Otras anécdotas son ejemplificadoras o simplemente divertidas. Alejandro Magno, cuando vio al filósofo Diógenes, le dijo que le pidiera lo que quisiera. «Que te apartes porque me quitas el sol», replicó el sabio. Y el conquistador murmuró: «Si no fuera Alejandro, quisiera ser Diógenes.» Ana Bolena, antes de que le cortaran la cabe-

za por orden de su esposo Enrique VIII, dijo: «Me hizo primero marquesa, luego reina y, no sabiendo qué otro honor hacerme, me manda al cielo como santa.» Y, anécdota simplemente divertida, un día, el arzobispo de París le contaba a una señora la historia del martirio de san Dionisio, que fue decapitado y, tomando su cabeza bajo el brazo, se fue andando hasta el lugar donde quería que se le enterrase. La señora, discípula de Voltaire, asintió: «Lo creo, monseñor. En estos casos, lo que cuesta es dar el primer paso.»

La antología de anécdotas políticas que el lector tiene en las manos comprende o pretende comprender cinco mil años de historia humana, desde el faraón Keops hasta el presidente Clinton, para entendernos. Tiene sin duda muchas carencias atribuibles al desconocimiento o al olvido del antólogo; y, en ocasiones también, a que a los personajes cuyas anécdotas se quisieran ver reflejadas no se les ocurrió hacer ni decir nada que mereciera ser contado en una antología.

A las anécdotas no se les debe dar más importancia de la que tienen. Tampoco menos. Quizá una buena manera de definirlas sería decir que son la sal de la Historia.

LUIS CARANDELL

Madrid, 1999

La hija del faraón

La primera anécdota de la Historia nos la cuenta el griego Heródoto a propósito del faraón Keops, que reinó en Egipto en el tercer milenio antes de Cristo. Puso a trabajar a cien mil súbditos en la construcción de la Gran Pirámide, que duró veinte años. Era un hombre impío y sanguinario y, según el historiador griego, «llegó a tal grado de maldad que, falto de dinero, colocó a su propia hija en un burdel y le ordenó que se procurase una determinada cantidad... y ella cumplió las órdenes de su padre y además, por propia iniciativa, decidió también dejar un monumento, y a cada uno de los que la visitaban les pedía que le hicieran donación de una piedra...». Conviene añadir que la Gran Pirámide tiene dos millones de piedras de una tonelada y media cada una.

Las leyes de Solón

Un escita llamado Anacarsis visitó Atenas en el siglo VI a. J.C. y se enteró de que Solón estaba preparando un código para el gobierno de la República. Comentó:

—Las leyes son como las telas de araña; las moscas pequeñas allí quedan presas pero las grandes rompen la trama.

Solón tenía razón

Creso, rey de Lidia, era además un hombre riquísimo. Un día en que el sabio Solón le visitó en su capital, Sardes, Creso le dijo que era el hombre más feliz del mundo. Solón le replicó que la felicidad de un hombre no se puede asegurar mientras esté en vida.

Creso no le hizo caso y se dedicó a conquistar las tierras vecinas pertenecientes a los efesios, a los jonios y a los eolios. Finalmente se creyó capaz de atacar a los persas y ésta fue su perdición. El rey Ciro tomó Sardes, la capital de Lidia, y condenó a Creso a morir en la hoguera. Cuando iba a ejecutarse la sentencia, el condenado gritó:

—Solón, ¡qué razón tenías!

Ciro escuchó estas palabras y, por curiosidad, preguntó a Creso qué significaban. Éste se lo explicó y el rey de los persas, compadecido de las desgracias de quien un día se creyó el hombre más feliz del mundo, le indultó de la pena de muerte.

La mayor alabanza según Pericles

Pericles, el gran hombre de Estado ateniense que puso apellido a su siglo, pudo presumir al final de sus días de no haber matado nunca a nadie. Es cierto que hizo la guerra pero ésta tuvo siempre, o al menos así lo decía él, un carácter defensivo. Lo mismo para las Artes que para las Letras, su época fue la más gloriosa de la historia de Grecia. Cuando estaba en su lecho de muerte, los amigos que le asistían le recordaban las innumerables obras con que había embellecido Atenas. El moribundo les interrumpió:

—Lo que alabáis de mi vida, pertenece en parte a la Fortuna y en parte a los que colaboraron conmigo. De lo único que estoy orgulloso es de que ninguna mujer ateniense haya vestido luto por mi culpa.

El perro de Alcibíades

El general ateniense Alcibíades, nieto de Pericles, se había comprado un perro y un día le cortó el rabo. La gente condenó este proceder y empezó a criticar al general. Los amigos de Alcibíades le reprocharon su acción, diciéndole que no tenía necesidad de ponerse en boca de la gente por una razón tan poco importante. El general contestó riendo:

—Eso es lo que yo me proponía. Mientras los atenienses se entretengan con el rabo del perro, me dejarán en paz y no harán averiguaciones sobre otras acciones mías.

La expresión «el rabo del perro de Alcibíades» quedó como frase proverbial para designar las cosas que hacen o dicen los personajes públicos para distraer la atención y evitar que se hable de cosas más comprometedoras para ellos.

El mejor yerno

El general y político griego del siglo V a. J.C., Temístocles, vencedor de la batalla de Salamina, prefirió que su hija se casara con un ciudadano pobre pero instruido que con un rico ignorante:

—Mejor un hombre que necesite riquezas que riquezas que necesiten un hombre.

El anillo de Polícrates

Desde antiguo se sabe que la diosa Fortuna enaltece a sus elegidos, pero su famosa rueda los derriba después cuando más alto están. Un exceso de suerte anuncia ya de por sí la decadencia. Ésta es la lección del episodio conocido como «el anillo de Polícrates». En Samos, que era una democracia, Polícrates impuso su tiranía con la ayuda de dos hermanos suyos pero luego desterró a uno y mató al otro. Su suerte continuó aumentando, pues se hizo dueño de otras islas y de algunos territorios del continente. Y venció a los ejércitos de Lesbos que intentaron conquistar su isla. El colmo de la suerte vino cuando una escuadra formada por lacedemonios y corintios que trataba de atacar Samos fue dispersada por una tempestad.

El poeta Anacreonte, protegido de Polícrates, empezó entonces a pensar que la suerte de aquel hombre era excesiva. Se lo dijo a Polícrates, cuando ambos paseaban junto al mar. Y el tirano, para aplacar la posible envidia de los dioses, se quitó un valiosísimo anillo que llevaba y lo arrojó al agua. Al día siguiente acudió al palacio un pescador que había encontrado el anillo en el vientre de un pez que acababa de pescar y se lo dio a Polícrates. Éste se mostró muy satisfecho y se lo puso en el dedo, dedicando una sonrisa a Anacreonte, que se encontraba con él en aquel momento. Al poeta le entró tal pánico al ver cuán generosa era la Fortuna con aquel hombre que huyó a Atenas. Y allí recibió, al cabo de poco tiempo, la noticia que ya se temía. Uno de los sátrapas del rey de Persia atacó Samos, apresó a Polícrates y lo mandó crucificar.

Filipo de Macedonia

Al rey de Macedonia Filipo, padre de Alejandro Magno, le dijeron un día que un vasallo suyo hablaba mal de él y le recomendaron que, en castigo a su proceder, le desterrara. Filipo se negó y cuando le preguntaron por qué, el rey dijo:

—Porque cuanto más se aleje de donde yo esté, serán más los que le escuchen.

La oreja de Alejandro

Cuando concedía una audiencia, Alejandro Magno solía taparse una oreja con la mano. Le preguntaron cuál era la razón de este extraño proceder y respondió:

—Es que guardo la otra oreja para el acusado.

Diógenes

Diógenes, el famoso filósofo griego del siglo IV a. J.C., dedicó toda su vida a predicar el desprecio de las cosas del mundo. No tenía otros objetos que un palo, unas alforjas, una escudilla y cuchara y el tonel donde dormía y que siempre llevaba a cuestas.

Alejandro Magno quiso visitar en una ocasión a aquel hombre que tan parcamente vivía. Cuando vio a Diógenes, Alejandro le dijo:

—¿Qué quieres de mí?

Diógenes contestó:

—Que te apartes, porque me quitas el sol.

Y cuentan que el gran general, recordando este episodio, decía:

—Si yo no fuese Alejandro, quisiera ser Diógenes.

Una cabeza que vale dinero

Drímaco era un esclavo que huyó de la casa de su dueño en la ciudad de Chios y fue a refugiarse en las montañas de la isla de este nombre. Allí se puso al frente de una banda que descendía a la llanura y asaltaba los pueblos e incluso los arrabales de la capital. Los gobernantes de Chios pusieron precio a la cabeza de Drímaco. Durante años no consiguieron que nadie le delatara y Drímaco continuó asaltando aldeas y villas. Cuando se hizo viejo, le dijo a un joven de su banda a quien tenía gran afecto:

—Córtame la cabeza.

Ante el asombro del joven, le explicó que su cabeza valía mucho dinero y que si él se la entregaba a los gobernantes de Chios se haría rico con el rescate y no tendría que seguir robando y asaltando pueblos. El joven se resistió al principio a obedecer a Drímaco pero, con el tiempo, se dejó vencer por su aplastante lógica y decapitó a su protector.

Victoria pírrica

Pirro fue rey del Epiro en el siglo IV a. J.C. y se hizo famoso por su valor y por el dominio de la táctica militar. Venció en casi todas las batallas en que participó pero siempre a costa de terribles bajas en su propio ejército. La expresión «victoria pírrica» ha quedado para designar el logro de algún propósito con pérdidas morales o materiales que no compensan la victoria obtenida. En la batalla de Heraclea, Pirro empleó los elefantes contra los romanos pero lo mismo en aquella ocasión que en la batalla de Ausculum le supuso al general pérdidas tan grandes que pronunció su famosa frase:

—Otra victoria como ésta y estoy perdido.

El valor de Agesilao

Cuando Jerjes, rey de Persia, marchó contra los griegos al frente de un numeroso ejército, el general ateniense Agesilao se introdujo disfrazado entre las tropas persas al objeto de matar al rey. Pero se equivocó y dio muerte a Mardonio. Hecho prisionero, fue llevado a presencia del monarca persa, quien le condenó a morir sobre el altar del Sol. Agesilao puso su mano derecha sobre la llama y dejó que se quemara sin dar muestras del sufrimiento que experimentaba. Dirigiéndose a Jerjes dijo:

—Cualquier ateniense hará lo mismo que yo y, si no me creéis, estoy dispuesto a poner en la hoguera mi mano izquierda.

El valor de Agesilao impresionó tanto a Jerjes que le perdonó la vida.

Una historia parecida se cuenta de un joven romano, Cayo Mucio, que también metió una mano en el brasero donde se calentaban los hierros del tormento para demostrar su valor al rey de Etruria. Mucio pasó a la historia con el apellido de Scevola, que quiere decir zurdo, porque su mano derecha quedó para siempre inutilizada.

Ingrata patria

Publio Cornelio Escipión fue nombrado cónsul cuando apenas tenía la edad reglamentaria y vino a España para vengar a su padre y a su tío, que habían sido derrotados por Asdrúbal. Conquistó Cartagena, se hizo dueño de casi toda España y venció a Aníbal en la decisiva batalla de Zama que puso fin a la segunda guerra púnica. Vuelto a Roma, recibió el sobrenombre de «el Africano» y le concedieron los honores del triunfo. Pero, a su regreso de una expedición contra Antíoco, rey de Siria, le pidieron cuentas de su gestión. Publio Cornelio replicó orgullosamente:

—No sufriré la afrenta de contestar a esta petición. No tengo por qué dar cuenta de cuatro millones de sestercios cuando he hecho ingresar en el tesoro más de doscientos.

El tribuno Sempronio Graco le defendió pero Escipión fue condenado a pagar una multa de cuatro millones. Entonces se retiró a Literno, lejos de Roma, donde murió el año 183 a. J.C. Sobre su sepulcro hizo grabar la famosa inscripción:

«Ingrata patria, no poseerás mis huesos.»

Aníbal y Escipión

A pesar de las incontables victorias que tanto Aníbal como Escipión habían dado a sus respectivos países, Cartago y Roma, ambos terminaron su vida en el destierro. Se entrevistaron en la corte de Antíoco, rey de Siria, donde el cartaginés se había refugiado. Hablaron de las batallas que habían librado uno en contra del otro y, por curiosidad, Escipión le preguntó a Aníbal:

—¿Cuál crees que ha sido el mejor general del mundo?

—Alejandro —repuso Aníbal.

—¿Y después de éste?

—Pirro —replicó el cartaginés.

—¿Y el tercero?

—Yo —dijo Aníbal.

Escipión se echó a reír y le preguntó:

—¿Y qué dirías si me hubieses vencido en Zama?

—Entonces —respondió Aníbal sin vacilar— me tendría yo por el primero de todos.

El fin de Aníbal

Derrotado por Escipión en la batalla de Zama, Aníbal se enfrentó con el Senado de Cartago y buscó refugio en la corte del rey de Siria, Antíoco, a quien logró asociar a sus proyectos de atacar Roma. Antíoco fue vencido en las Termópilas y los romanos le obligaron a entregar a Aníbal. Éste pudo huir a Bitinia pero el odio de Roma le persiguió hasta allí. Cuando Aníbal supo que había llegado el cónsul Flaminio, quiso huir. Pero cuando se dio cuenta de que su intento era inútil, bebió el veneno que llevaba consigo. Tenía entonces noventa años de edad. Antes de morir dijo:

—Libremos a Roma de sus terrores, ya que no sabe esperar la muerte de un anciano.

El círculo de Popilio

En el año 170 a. J.C. el rey de Siria amenazó las fronteras orientales de Roma. El cónsul Popilio Lena encabezó una embajada para exigirle que renunciara a sus conquistas. El sirio pidió un plazo para reflexionar pero Lena trazó con su espada en la arena un círculo en torno del monarca y dijo:

—No saldrás de este círculo antes de que me des tu respuesta.

El rey, impresionado por la actitud del romano y temeroso de su ejército, se sometió a los dictados de Roma. Quedó en el lenguaje político el «círculo de Popilio» para hacer referencia a las decisiones inaplazables.

La autoridad de Escipión Emiliano

Un día, Escipión Emiliano, el vencedor de Numancia, fue a visitar al poeta Quinto Ennio y éste mandó a un esclavo que le dijera que no estaba en casa. Al otro día, Ennio visitó a Escipión y éste dijo en voz alta dentro de la casa, para que el poeta lo oyera: «No estoy en casa en este momento.» Desde la entrada, Ennio protestó diciendo que tenía que estar a la fuerza en casa puesto que había oído su voz. Escipión respondió:

—El otro día creí que no estaba en casa porque su esclavo me lo dijo; y ahora, siendo yo el que se lo dice, él no me quiere creer.

Catón y la estatua

Cuenta Plutarco en su «vida» de Catón el Censor que a su biografiado le preguntaron un día por qué no tenía estatua en la ciudad cuando personajes de mucho menos mérito que él la tenían. Contestó Catón:

—Prefiero que me pregunten por qué no tengo estatua a que me pregunten por qué la tengo.

Roma no paga traidores

El guerrillero Viriato, después de vencer al cónsul Fabio Serviliano le hizo firmar un tratado de paz. Pero el Senado no quiso ratificarlo y envió a España a Cepión, el hermano de Fabio. Éste compró a unos embajadores de Viriato para que asesinaran a su jefe. Cuando se presentaron a cobrar lo convenido, les contestaron con la famosa frase:

—Roma no paga traidores.

La cena de Lúculo

Lúculo, el vencedor de Mitrídates, era más conocido en Roma por el lujo en que vivía que por sus victorias militares, que eran muchas. Daba a sus invitados fastuosos banquetes en la quinta que poseía a orillas del mar, en Nápoles. Una noche, su cocinero, viendo que el general no tenía invitados, le preparó una cena frugal. Lúculo montó en cólera y ante las excusas del cocinero, le dijo:

—¿Cómo que no tengo invitados? ¿No ves que Lúculo cena en casa de Lúculo?

Las armas ceden a la toga

Lucio Catilina quiso hacerse con el poder en Roma y para ello urdió una conjura y levantó un ejército. A su intento se opuso Marco Tulio Cicerón, sólo con la fuerza de la palabra y con la divisa «que las armas cedan a la toga», enunciada por el mismo orador. Cuatro catilinarias, así se llamaron sus discursos contra Catilina, le bastaron para deshacer la conjura. La primera empezaba con aquella célebre frase:

—*Quosque tandem abuttere Catilina patientia nostra?*

«¿Hasta cuándo abusarás, Catilina, de nuestra paciencia?»

A la primera catilinaria, el conspirador huyó de Roma; a la segunda, las tropas sublevadas se vieron aisladas del resto del ejército; a la tercera, fueron presos los partidarios de Catilina y a la cuarta fueron condenados a muerte y ejecutados.

La hermana de Catón

A raíz de la conjuración de Catilina, Marco Porcio Catón, llamado de Utica, sospechó que Julio César era uno de los conspiradores. Un día, estando ambos en el Senado reunido en sesión, César recibió un mensaje de manos de un soldado y, después de leerlo rápidamente, se lo guardó en los pliegues de su túnica. Catón denunció a César ante el Senado y exigió que se leyera en voz alta el papel en cuestión. César se resistió a entregarle la carta y Catón se dispuso a leerla en voz alta. El caso fue que la misiva procedía de Servilia, hermana de Catón, precisamente, y segunda mujer de Lúculo, que a la sazón hacía la guerra a Mitrídates en Asia Menor. Eran unas pocas y apasionadas palabras invitando a César a pasar la noche en su compañía. Antes de empezar la lectura en el Senado, Catón tuvo tiempo de darse cuenta del contenido y dijo:

—Me había equivocado. Se trata de algo sin importancia.

El suicidio de Catón de Utica

Después de la batalla de Farsalia y del asesinato de Pompeyo, Catón de Utica tomó el mando de las tropas pompeyanas para continuar la guerra contra Julio César. Pero su ejército fue deshecho en Tapso, con lo que César quedó dueño de África. No queriendo recibir el perdón del vencedor, Catón se suicidó. Al saberlo, César exclamó:

—Catón, envidio tu muerte. ¡Me has quitado la gloria de salvarte la vida!

La muerte de Cleopatra

Después de la batalla de Accio en la que Octavio venció a las fuerzas de Marco Antonio y de su amante la reina Cleopatra, el triunviro vencido se suicidó y ella trató de seducir al vencedor. Pero Octavio no cayó en la trampa y mandó decir a la reina que debía partir para Roma al objeto de figurar en el cortejo del triunfo del general victorioso con una cadena al cuello. Cleopatra entonces se vistió como para una fiesta, se tendió en su lecho de oro y mandó traer oculta en un cesto de higos una serpiente venenosa. Cuando vio salir al áspid entre las hojas, la reina dijo: «Llegaste al fin.»

En el cortejo del triunfo de Octavio figuró tan sólo la estatua de la reina de Egipto con una serpiente arrollada en el brazo.

El sol naciente

Cneo Pompeyo se puso al servicio del dictador Sila y se casó con su hija Emilia. Posteriormente, se lanzó a la conquista de África y obtuvo tantas victorias que Sila empezó a recelar de que su yerno se hiciese más poderoso que él. Le mandó volver a Roma y Pompeyo obedeció. Pero le pidió los honores del triunfo, que era como los romanos celebraban la victoria de un general, haciéndole desfilar por la ciudad en una carroza. Sila se lo negó.

Pompeyo entonces era un hombre joven mientras que su suegro estaba ya envejecido. Y le dijo a éste una frase que por sí sola le convenció de que debía concederle los honores del triunfo:

—El sol naciente, Sila, tiene más adoradores que el sol poniente.

Un gesto de Pompeyo

Cuando el dictador Sila venció a Mario e impuso su poder en Roma, uno de los seguidores de este último, Quinto Sertorio, se refugió en España y con el apoyo de los naturales del país declaró la guerra al partido senatorial que gobernaba en Roma manteniendo las hostilidades durante varios años. Roma envió a España a Pompeyo para combatir a Sertorio. Para acabar con él se recurrió a la traición de uno de los lugartenientes de Sertorio, llamado Perpenna, el cual asesinó a su jefe durante un banquete. Posteriormente, Perpenna quiso congraciarse con Pompeyo y ofreció entregarle una serie de cartas de importantes personajes romanos comprometidos con Sertorio que tenía en su poder. Pompeyo tuvo entonces un rasgo de grandeza: quemó las cartas sin leerlas y mandó matar al asesino de Sertorio.

«Yo valgo más»

Estando Julio César en la isla de Rodas supo que Mitrídates, rey del Ponto, atacaba a los aliados de Roma y se apresuró a regresar a Italia. En la travesía, la nave en que viajaba fue apresada por unos piratas que exigieron veinte talentos por el rescate de César.

—¿Veinte? —replicó César—. Conoces mal tu negocio porque, de otra manera, habrías comprendido que yo valgo por lo menos cincuenta talentos.

El jefe de los piratas quedó muy complacido. César pagó pero, al poco tiempo, sus soldados recuperaron el rescate y pasaron por las armas a los piratas que habían apresado a Julio César.

Marido y mujer

De Julio César dice Cayo Suetonio: «Tiénese por cierto que fue muy dado a la incontinencia y que no reparaba en gastos para conseguir tales placeres, habiendo corrompido a un considerable número de mujeres de familias distinguidas.» Añade que «a la que más amó fue a Cleopatra, con la que frecuentemente prolongó festines hasta la nueva aurora». Los soldados de César cantaban a coro el día de su triunfo sobre las Galias:

Ciudadanos, esconded a vuestras esposas
pues traemos aquí al adúltero calvo...

«Tan desarregladas eran sus costumbres —termina diciendo Suetonio— y tan ostensible la infamia de sus adulterios, que el orador Curión le llama en un discurso "marido de todas las mujeres y mujer de todos los maridos".»

Alea jacta est

En el año 49 a. J.C., el Senado romano destituyó a Julio César como gobernador de las Galias y eligió a Pompeyo para que defendiera a Roma. Así empezó la guerra civil entre ambos. César tenía fijado por el sur el límite de su gobierno en el río Rubicón. Al llegar a sus orillas les dijo a los soldados:

—Todavía podemos retroceder pero si cruzamos este puentecillo, todo habrán de decidirlo las armas.

Permanecía vacilante cuando un hecho extraño que él creyó un prodigio le decidió. Un hombre de gran estatura apareció sentado de pronto a corta distancia de donde él estaba, tocando la flauta. Se acercaron los pastores que por allí estaban y también los soldados para escucharle. El hombre le quitó la trompeta a uno de los soldados y cruzó el río arrancando vibrantes sonidos al instrumento.

César dijo entonces:

—Marchemos a donde nos llaman los signos de los dioses. *Alea jacta est.* (La suerte está echada.)

El anzuelo de oro

Octavio César Augusto era hombre prudente. Solía decir que en la guerra como en la política nada conviene menos que la precipitación y la temeridad. Repetía el adagio griego: *Festina lente.* (Apresúrate lentamente.) Y su norma era que sólo debe emprenderse una guerra o librar una batalla cuando se puede esperar más provecho de la victoria que perjuicio de la derrota porque, añadía:

—El que en la guerra aventura mucho para ganar poco, se parece al hombre que pescara con anzuelo de oro, de cuya pérdida no podría compensarle ninguna presa.

Los hijos de Augusto

Al emperador Augusto le salió todo bien en la vida, salvo su familia. Según su biógrafo Cayo Suetonio, se vio obligado a desterrar a su hija Julia y a su nieta del mismo nombre porque estaban «manchadas con toda clase de infamias». Perdió a sus nietos Cayo y Lucio, a quienes había educado en la práctica de los negocios públicos. A otro de sus nietos, Agripa, tuvo que desterrarlo a Sorrento a causa «de la bajeza y ferocidad de su carácter». «Cuando hablaban en su presencia de este Agripa o de alguna de las Julias, exclamaba suspirando: "Dichoso el que vive y muere sin esposa y sin hijos"; y llamaba siempre a los suyos sus tres tumores o sus tres cánceres.»

Aplausos para el autor

El primer emperador de Roma, Octavio César Augusto, murió a los setenta y seis años de edad rodeado de sus amigos, en Nola, cuando volvía a Roma desde Nápoles. Antes de morir pidió un espejo, mandó que le peinaran y perfumaran y luego les dijo a los que estaban junto a su lecho:

—¿Creéis que he representado bien la comedia de la vida? Si os ha gustado, aplaudid al autor.

La depravación de Tiberio

Tiberio, hijo de Livia, adoptado por Augusto y a quien éste instituyó heredero, no sin muchas reservas, fue el primer emperador de la familia Claudia y hombre en quien se juntaron todos los vicios y depravaciones. Cayo Suetonio, autor de *Los doce césares*, dice que desde que empezó su vida militar, sus soldados le llamaban Biberius, en vez de Tiberius, por su afición al vino. Era avaro en extremo y hombre de costumbres depravadas. Dice Suetonio:

«En su quinta de Capri tenía una habitación destinada a sus desórdenes más secretos, guarnecida toda ella de lechos alrededor. Un grupo elegido de muchachas, de jóvenes y de hombres disolutos, inventores de placeres monstruosos y a los que él llamaba sus maestros de voluptuosidad, formaban allí entre sí una triple cadena y, entrelazados de este modo, se prostituían en su presencia para despertar sus estragados deseos... (...) La obscenidad fue llevada por él todavía más lejos y hasta excesos tan difíciles de creer como de referir. Se dice que había adiestrado a niños de tierna edad, a los que llamaba sus «pececillos», a que jugasen entre sus piernas en el baño... y le mamasen los pechos, género de placer al que se sentía principalmente inclinado...»

Cometía asimismo Tiberio actos de gratuita crueldad con el pretexto de administrar justicia. Por esta causa circularon muy pronto versos sobre él, atribuyéndole los males presentes:

Te retrataré en breves palabras,
inhumano, sanguinario, ni tu misma madre
puede amarte...
La edad de oro fue un presente de los dioses;
la de bronce comienza en tu odioso reinado.
El vino te ha cansado, ya no le encuentras gusto.
Ahora, necesitas beber sangre.

Una broma pesada de Tiberio

El emperador Tiberio, sucesor de Augusto, fue un hombre especialmente cruel, que al decir del escritor Suetonio «miraba a la muerte como el más ligero de los suplicios». En consecuencia, dilataba la ejecución de los condenados sometiéndoles antes de matarlos a toda clase de tormentos. De acuerdo con su carácter, Tiberio tenía un siniestro sentido del humor. Se cuenta que un día que estaba en las calles de Roma, pasó un entierro. De entre el público que allí se había reunido para ver al emperador salió una voz que, dirigiéndose al cadáver que en aquel momento pasaba y para criticar a Tiberio, gritó:

—Dile a Augusto que sus buenas leyes ya no se aplican.

Tiberio vio al hombre que había dicho aquella frase y lo mandó detener. Cuando lo tuvo en su presencia ordenó que le diesen muerte diciendo:

—Vete tú mismo a decírselo a Augusto.

Un dios entre los dioses

El sobrenombre de Calígula era un mote militar que fue aplicado al emperador Cayo César porque había usado en su infancia en los campamentos un calzado guarnecido de clavos llamado *caliga* que era propio de los simples soldados. Se había educado entre ellos y era muy popular en el ejército y muy querido por los habitantes de Roma y también de las provincias. Cuando alcanzó la dignidad imperial se endiosó de tal manera que celebraba conversaciones secretas con Júpiter Capitolino. Para ello hablaba en voz baja al oído de la estatua del dios y luego acercaba el oído a su boca. Mandó traer de Grecia una estatua de Zeus, obra de Fidias, y le quitó la cabeza sustituyéndola con la suya propia. También se dice que en las noches de plenilunio invitaba a la Luna a que viniera a compartir su lecho y recibir sus abrazos.

El caballo de Calígula

Quería tanto Calígula a su caballo *Incitatus* que la víspera de las carreras del circo enviaba soldados a imponer silencio en los alrededores del establo para que nadie turbara el descanso del animal. Le hizo construir una caballeriza de mármol y un pesebre de marfil y le hizo dar mantas de púrpura y adornarle con collares de perlas. El caballo disponía de casa completa, con esclavos para su servicio y con muebles y todo lo necesario para que aquellos a quienes en su nombre invitaba a comer con él recibiesen magnífico trato; y hasta se dice que tenía intención de nombrarle cónsul.

Príncipe y monstruo

El historiador Suetonio, después de dar cuenta de las leyes y medidas de gobierno, así como de las obras públicas que realizó Calígula durante su reinado, dice: «Hasta aquí he hablado de un príncipe; ahora hablaré de un monstruo.» Y cuenta los horribles crímenes, las inauditas crueldades a que se entregó hasta el fin de sus días. Basó su política en este principio, tomado de una tragedia griega: «Que me odien con tal de que me teman.» Su sed de sangre le hacía torturar y matar por puro placer. Obligaba a los padres a presenciar los suplicios de sus hijos y a regocijarse después de lo que habían visto. Alimentaba a las fieras del circo con prisioneros vivos por ser cara la carne de animal. Se solía lamentar de que durante su reinado no hubiese sucedido ninguna gran catástrofe. Como juez no castigaba sólo a los criminales sino a ciudadanos inocentes, sin excluir a sus propios parientes y amigos. El día que condenaba a un buen número de personas a la pena de muerte decía que se había ganado el jornal. El hombre que envenenó a su predecesor en el trono imperial, Tiberio, o quizá lo estranguló con sus propias manos, había de morir también asesinado. Casio Querea y Cornelio Sabino lo mataron a principios del año 49 d. J.C. Varios prodigios anunciaron su muerte: cayó un rayo en el templo de Apolo palatino y una estatua de Júpiter que el emperador había ordenado que trasladaran de Olimpia a Roma lanzó tal carcajada cuando la tocaron que cayeron las máquinas y salieron despavoridos los obreros encargados de su transporte.

Cómo subió Claudio al trono

Al emperador Claudio su familia lo tenía por incapaz. Su misma madre, Antonia, le llamaba «aborto de la Naturaleza» y cuando hablaba de algún imbécil decía: «Es más tonto que mi hijo Claudio.» Subió al trono a los cincuenta años por un raro capricho de la Fortuna. El día que mataron a

Calígula, él se escondió tras un tapiz en una apartada galería del palacio. Un soldado le vio los pies y quiso saber quién era. Claudio se arrojó a sus pies pidiéndole que no le matara. Pero el soldado le saludó como emperador y le llevó donde estaban sus compañeros. Lo trasladaron en una litera al campamento entre la gente que le compadecía por su suerte. El Senado estaba indeciso pero, viendo que el pueblo pedía a gritos que se eligiese un jefe único, nombró emperador a Claudio, recibiendo éste ante el pueblo el juramento del ejército.

Un extraño edicto

El emperador Claudio era un hombre culto que tenía gran afición a los estudios griegos. Compuso varios libros de historia de Roma y escribió sus memorias. Sin embargo, pasó por tonto a los ojos de sus contemporáneos. Un biógrafo suyo dice que «tenía una risa completamente estúpida, cólera más innoble aún, que le hacía echar espumarajos, boca abierta y narices húmedas, insoportable balbuceo y continuo temblor de cabeza...». Y cuenta de él la anécdota de que planeaba publicar un edicto «para permitir eructar y ventosear en su mesa» *(latum crepitumque ventris in convivio emittendi)* porque supo que un invitado suyo estuvo a punto de morir por haberse contenido de hacer esas cosas en su presencia.

Cómo mató Nerón a su madre

Agripina, madre del emperador Nerón, reprendía a menudo a su hijo. Éste se cansó y dispuso que le quitaran todos los honores y el poder que tenía en la corte. Mandó que viviera fuera de su palacio y le envió a sus agentes para que le hicieran sufrir toda suerte de vejaciones y burlas. Al fin decidió darle muerte. Ensayó tres veces el veneno pero ella disponía de antídotos. Ordenó que en el techo de la cámara donde su madre dormía se colocaran unos maderos que, por medio de un mecanismo, habrían de caer sobre ella mientras estuviese durmiendo. Una indiscreción hizo que Agripina se salvara de este atentado. Nerón fingió entonces reconciliarse con ella y la invitó a las fiestas que en honor de Minerva se celebraban en Baias. Le envió una galera y dio orden a los capitanes de sus naves de que la destruyeran. Pero Agripina se salvó a nado. Entonces envió a un sicario para que la apuñalara. Ella descubrió su cuerpo y le dijo:

—Hiéreme en el vientre que ha podido albergar a tal monstruo.

Después de la muerte de Agripina, Nerón mandó que pusieran el día de su nacimiento entre los nefastos. El Senado le felicitó y se organizaron fiestas. Pero la imagen de su madre, a quien debía el trono, persiguió a Nerón hasta el fin de sus días. Se le solía aparecer en sueños acompañada de las Furias, que agitaban ante él látigos vengadores y antorchas encendidas.

El incendio de Roma

Conversando Nerón con unos parientes suyos, uno de ellos citó este verso griego: «Que todo se abrase y perezca después de mí.» Nerón le corrigió diciendo que el verso debía decirse así: «Que todo se abrase y perezca viviendo yo.» Y cumplió su amenaza al pie de la letra. Dijo que le desagradaba el mal gusto de los edificios antiguos de Roma y la estrechez e irregularidad de sus calles. Hizo poner fuego a la ciudad y para ello mandó a sus esclavos con estopas y antorchas encendidas. El incendio duró seis días y siete noches y el pueblo no tuvo otros refugios que los monumentos y las sepulturas. Además de las casas, ardieron los templos consagrados a los dioses que contenían todo lo que la Antigüedad había dejado de curioso y digno de memoria. Nerón estuvo contemplando el incendio desde la roca Tarpeya, encantado, según dijo, de la hermosura de las llamas.

La muerte de Nerón

Nerón significa «valiente» pero el emperador que llevó este nombre no lo fue. Su nefasto imperio, corrompido y cruel, terminó cuando se sublevaron Julio Vindex en las Galias, Sulpicio Galba en las Españas y Otón en la Lusitania. Los funestos presagios que anunciaban su muerte le llenaron de pavor. Soñó que le arrancaban de las manos el timón de una nave y que su esposa Octavia, a la que había asesinado, le arrastraba a las tinieblas. Creyó que se hallaba cubierto de hormigas y en sueños vio a las estatuas de las diversas naciones rodeándole para impedirle el paso al teatro. Las puertas del Mausoleo se abrieron por sí solas y se oyó una voz que llamaba a Nerón. «¡Qué gran artista pierde el mundo!», se le oyó exclamar. Cuando se acercaban los jinetes que tenían orden de cogerle vivo, tomó dos puñales pero volvió a envainarlos lleno de terror. Su secretario Epafrodio tuvo que ayudarle a clavarse el hierro en la garganta. Expiró con los ojos abiertos despertando horror en los que le contemplaban.

El cadáver del enemigo

Vitelio fue uno de los más indignos emperadores de Roma. «En su vida —escribió Tácito— hizo toda clase de oprobios.» Este hombre, que había vivido en la corte de Nerón, Claudio y Calígula, se comportó de manera infame con su predecesor Galba. Éste le había dado el gobierno de la Germania y Vitelio se sublevó contra él para arrebatarle el Imperio. Al mismo tiempo, otro general, Otón, asesinaba a Galba en Roma declarándose emperador. Ambos césares se enfrentaron entonces entre sí y Vitelio salió vencedor. Unos soldados llegaron a su tienda después de la batalla llevando el cadáver de Otón. Los generales de Vitelio quisieron ahorrarle el hedor que desprendía el cuerpo corrompido pero Vitelio se inclinó sobre él y lo olfateó con deleite diciendo:

—El cadáver de un enemigo siempre huele bien.

Vespasiano se defiende

El emperador Vespasiano era poco sensible al halago. Un día, cuando un adulador cantaba sus grandezas y la gloria que Roma había alcanzado bajo su imperio, Vespasiano le dio un bofetón.

Desconcertado, el adulador preguntó: «¿Por qué me maltratas, César?» Y el emperador replicó: «Porque tú me muerdes y yo me defiendo.»

¿De quién era hermano?

Uno de los ayudantes del emperador Vespasiano le pidió que le diera un cargo a uno que, según dijo, era hermano suyo. El emperador sospechó que el hombre que le pedía el favor era en realidad un traficante de influencias que le cobraba a su «hermano», que no era tal, la obtención de aquel cargo. Vespasiano mandó llamar al que lo solicitaba y le cobró directamente lo que habría cobrado el otro. Luego le dijo a su ayudante:

—Búscate otro hermano porque éste se ha convertido en hermano mío.

Cuando le hicieron dios

El emperador Vespasiano era un hombre austero y de modesto origen que se reía de los aduladores que deseaban inventar para él una noble genealogía. La pompa de sus predecesores en su imperio le inspiraba desprecio. Pero he aquí que el Senado, por razones políticas, decidió dar a Vespasiano rango de dios. El emperador tuvo que aceptarlo y al recibir las felicitaciones de sus cortesanos decía sarcásticamente:

—Me parece que ya voy notando que, poco a poco, dejo de ser un hombre y me convierto en deidad.

Castigo al charlatán

En época del emperador Alejandro Severo se paseaba por Roma un charlatán llamado Vetronio Turino que sacaba dinero a los incautos haciéndoles creer que podía recomendar sus asuntos a las más altas instancias. Turino consiguió estafar a varias personas pero al fin fue detenido y condenado a morir en la hoguera. Pero una hoguera de leña verde con cuyo humo se ahogó mientras el pregonero anunciaba:

—Muere en el humo quien humo vendía.

El ministro infiel

Teodorico el Grande, que en el siglo v reinó sobre los ostrogodos de Italia, era arriano. Pero tenía un ministro católico en quien depositaba toda su confianza. Este ministro, creyendo que ello agradaría al rey, se convirtió al arrianismo. Teodorico lo mandó decapitar diciendo:

—Si ese hombre ha traicionado a su Dios, no tardará en traicionarme a mí, que sólo soy un hombre.

El valor de Clodoveo

El rey de Francia Clodoveo era pagano y su esposa, la reina Clotilde, que era cristiana, le insistía en que se convirtiera al catolicismo. Clodoveo no hacía caso pero, cuando estaba en una batalla contra los alamanes y viendo que la suerte se inclinaba a favor del enemigo, prometió abrazar la religión de su esposa si Dios le ayudaba. Cuando Clotilde lo supo, avisó a san Remigio, obispo de Reims y éste empezó en seguida a instruir al monarca en los misterios de la fe. Cuando san Remigio le relató la condena y crucifixión de Cristo, el rey se puso en pie, sacó la espada y gritó:

—¡Oh, si yo hubiera estado allí con mis soldados!

El yerno de Mahoma

Alí se había casado con Fátima, hija del Profeta, y había aprendido muy bien las lecciones que éste le había dado. Un día, estando él en la puerta de su casa, se le acercó un mendigo pidiéndole limosna. El yerno de Mahoma llamó a Fátima, que estaba en el interior de la casa, diciéndole que trajese un dinar para dárselo al pobre. La mujer se negó, advirtiéndole que sólo les quedaban seis dinares. Alí le pidió entonces que los trajera y se los entregara al mendigo. Poco después pasó un hombre que llevaba un camello de la brida y le dijo a Alí que se lo vendía por ciento cuarenta dinares. El yerno de Mahoma le contestó que se lo compraría si le fiaba, porque estaba sin dinero. El otro accedió y, mientras Alí sostenía la brida del camello, pasó otro hombre diciéndole que le daba doscientos dinares por el animal. Cerrado el trato, Alí fue a pagar las ciento cuarenta monedas que debía y entregó las sesenta restantes a Fátima, que quedó asombrada. Entonces dijo el yerno del Profeta:

—Yo había oído decir a tu padre que una buena acción aporta el diez por uno. Ahora veo que da mucho más.

La fundación de El Cairo

Un capitán del califa Omar I llamado Amr Ibn el As estableció su campamento junto al Nilo en lo que había sido el castro romano de Babilón. Y se cuenta que, cuando Amr, una vez cumplida su misión militar, se disponía a levantar el campamento, cayó en la cuenta de que una paloma había anidado sobre su tienda. Y a fin de que la paloma pudiera terminar de incubar los huevos, desistió de levantar el campo. En el lugar que ocupaba la tienda de este capitán tan respetuoso con la naturaleza, se alzó poco después el primer edificio de la capital que había de tomar el nombre de Misr el Fustat. Esta denominación ha perdurado en Egipto, donde la capital, y todo el país, se llama Masr. El nombre de El Cairo, en árabe Al Kahera, viene de la palabra Khere-Ohe que en egipcio antiguo significa «lugar de la batalla» y que era un suburbio de

Heliópolis, la ciudad del Sol, donde se suponía que habían luchado entre sí dos dioses hermanos, Horus y Seth.

Cura de adelgazamiento

El rey de León Sancho el Gordo fue expulsado a causa de la traición de Ordoño el Malo, que se sentó en su trono. El ex rey viajó entonces a Córdoba para ver si un médico árabe que tenía mucha fama le curaba de la obesidad. Abderramán III, el califa, le recibió muy bien, le alojó en su propio palacio y llamó a su médico Abdul Hemara para que le asistiera. El facultativo le impuso una cura de adelgazamiento que era la siguiente: «Todos los días subirás al primer pico de la serranía, descalzo, sin haber probado alimento ni bebida y llegarás allí antes de que salga el sol. Recogerás las hierbas que crecen en la cima, y al regreso te frotarás con ellas el vientre.»

Sancho el Gordo obedeció al médico y adelgazó de tal manera que pudo montar a caballo y, de regreso en León, pudo expulsar a Ordoño el Malo y recobrar su reino.

La campana de Huesca

Al morir el rey de Aragón Alfonso I sin descendencia directa, las Cortes de Aragón eligieron rey a su hermano Ramiro, que era monje en el monasterio de San Ponce. La nobleza aragonesa no estaba muy conforme con esta elección y menospreciaba a quien para ser rey había salido de un convento. Cuando se declaró la guerra entre Aragón y Navarra, la aristocracia le negó la ayuda que él les pedía. Ramiro tuvo que pedir entonces ayuda a Alfonso VII de Castilla. Después, para vengarse de los magnates de su reino, convocó cortes en Huesca y propuso a los procuradores una brillante idea que se le había ocurrido: la de fundir una campana que sonase en todo el reino. Los nobles juzgaron que el rey, que antes había sido fraile, era lo mejor que podía hacer. Y le brindaron toda la ayuda necesaria.

No sabían ellos que sus cabezas serían el bronce con el que se fundiría aquella campana. El día señalado, mandó comparecer uno a uno a los nobles y, a medida que entraban, el verdugo les iba cortando la cabeza. Luego fueron colocadas en una bóveda en forma de campana y, en el centro, como badajo, la del magnate más importante del reino, principal instigador de la rebelión de la nobleza. A lo largo de los siglos ha seguido sonando la «campana de Huesca».

Lady Godiva

Lady Godiva era una famosa dama inglesa que estaba casada con el gobernador de la ciudad de Coventry. Este hombre exigía a sus súbditos altísimos impuestos, de manera que la gente de Coventry se moría de hambre. Sucedía esto a mediados del siglo XI.

La esposa de gobernador se condolía de esta situación. Era, según dicen, una mujer bellísima y al parecer muy bondadosa también pues pedía repetidamente a su marido que rebajara los impuestos a la gente de la ciudad.

—Libraré a mis súbditos de todos los impuestos si tú atraviesas la ciudad a caballo, un día de mercado, completamente desnuda.

A estas palabras del gobernador reaccionó lady Godiva tomando la decisión de salir a caballo a la calle un día de mercado vestida únicamente con su cabellera de oro. Nadie se atrevió a mirarla excepto un sastre a quien llamaron Peeping Tom o Tomás el Mirón. No vio a la dama desnuda porque su cabellera le cubría todo el cuerpo. Pero dicen que el caballo de lady Godiva dio un relincho y a Tomás se le saltaron los ojos del susto.

El apellido Girón

Pedro Téllez, señor de Hita y Buitrago, combatió con Alfonso VI en la batalla de Zalaca, librada el año de 1086. Durante el combate le mataron el caballo al rey de Castilla y don Alfonso estuvo a punto de morir atropellado por los jinetes enemigos. Según un viejo romance:

Si el caballo vos han muerto
tomad, ¡oh rey!, mi caballo
esto dijo Pedro Téllez,
señor de Hita y de Buitrago,
al rey don Alfonso VI
y entróse a morir lidiando.

Cuando el monarca montó el caballo que le ofrecía Téllez, éste cortó un girón del manto real. Lo encontraron luego sobre su cadáver y así el rey pudo saber a quién le debía la vida. Y dispuso que los descendientes de Pedro se apellidaran Téllez-Girón. A esta familia se le concedió más tarde el ducado de Osuna.

El castillo de Canosa

El dicho «obligar a alguien a ir a Canosa» es conocido en toda Europa. Viene de un episodio del siglo XII en la época en que el papa de Roma y el emperador de Alemania disputaban a propósito de las investiduras, lo que equivalía a una querella sobre cuál de las dos dignidades tenía el poder supremo. Se sentaba entonces en la silla de Pedro un monje del convento de Cluny, Hildebrando, con el nombre de Gregorio VII, y Enrique IV era emperador de Alemania. El pontífice rompió las hostilidades excomulgando al emperador y relevando a sus súbditos del juramento de fidelidad que le habían prestado. Enrique fue entonces a pedir perdón al papa, que en ese momento se encontraba en el castillo de Canosa. Gregorio le hizo esperar tres días arrodillado en la nieve antes de recibirle.

La cosa no terminó aquí, sin embargo, porque Enrique IV buscó el apoyo de otros reyes y también de algunos cardenales enemigos de Hildebrando y reunió un cónclave para elegir a un nuevo papa. El arzobispo de Ravena, Guiberto, se convirtió en Clemente III. El papa Gregorio intentó resistir pero, finalmente, tuvo que retirarse a Salerno. Antes de morir pronunció una frase famosa:

—Amé la justicia y odié la iniquidad; por eso muero en el destierro.

El martes, día nefasto

La superstición de que los martes son días nefastos viene del siglo XIII y concretamente de una batalla librada en 1276 por las huestes de Jaime I el Conquistador en la campaña de Valencia. Tanto el padre Mariana en su *Historia de España* como Jerónimo Zurita en sus *Anales de la Corona de Aragón* afirman que desde esa derrota, sufrida en martes, se tuvo por funesto ese día de la semana.

Por su parte, Felipe II hacía tan poco caso de las supersticiones que solía salir los martes a hacer sus viajes. Se casó el martes con doña María; su hijo Felipe, que había de sucederle, nació en martes. Y martes era también el día de 1583 en que Felipe II hizo jurar a su hijo como príncipe heredero.

El rey sabio

Alfonso X el Sabio, además de poeta, era aficionado a la astronomía. Llamó a Toledo a los más experimentados científicos, fueran cristianos, judíos o musulmanes. De aquella conferencia surgieron las Tablas que se llamaron Alfonsíes y que sustituyeron a las de Ptolomeo. Se hizo famosa la frase del rey cuando comentando el orden de las esferas dijo:

—Si yo hubiese estado al lado de Dios cuando creó el universo, le habría dado algún valioso consejo.

Una deuda del rey

Un hombre se presentó en el palacio de don Pedro I, rey de Castilla, con la siguiente reclamación:

—Su majestad me debe treinta mil maravedises que injustamente me llevó el alcalde de Medina del Campo.

Los contadores reales le mandaron decir que «si el alcalde lo hurtó, el alcalde lo pague». Pero el hombre insistió con el siguiente argumento:

—Si el alcalde lo hurtó, páguelo el rey, que le hizo alcalde.

Ni quito ni pongo rey

Beltrán Duguesclin fue un caballero francés al servicio de Enrique de Trastámara, hermano bastardo de don Pedro I de Castilla. Don Pedro, a quien sus partidarios llamaban el Justiciero y sus adversarios el Cruel, fue derrotado por el ejército de don Enrique y aceptó entrevistarse con su hermanastro. El encuentro se produjo en el castillo de Montiel en presencia del caballero Duguesclin.

Los dos hermanos empezaron discutiendo y terminaron trabándose en una ruda pelea. Don Pedro derribó a don Enrique y ya se disponía a darle muerte cuando Duguesclin auxilió al que le pagaba y puso a don Enrique encima de don Pedro haciendo posible que el bastardo matara a su hermano. El episodio pasó a la historia como «el fratricidio de Montiel» y se hizo famosa la frase del caballero francés:

—Ni quito ni pongo rey, pero ayudo a mi señor.

El Magnánimo

Alfonso V de Aragón se ganó el calificativo de el Magnánimo con rasgos como el siguiente. En una ocasión visitó con varios de sus caballeros el taller de un joyero. Al salir, el artífice se dio cuenta de que le faltaba un valioso diamante. Alfonso ordenó entonces que volviesen todos al taller y pidió al joyero que colocase sobre una mesa una vasija opaca llena de salvado. Luego pidió a sus caballeros que metiesen en la vasija la mano cerrada y la sacasen abierta. Así lo hicieron y, cuando el recipiente fue vaciado, apareció el diamante. Todos celebraron la generosidad y magnanimidad del monarca que así quiso salvar el honor de quien había cometido el robo.

Cría cuervos...

La frase «cría cuervos y te sacarán los ojos» la pronunció por primera vez el condestable de Castilla don Álvaro de Luna mientras se encontraba cazando. Vio a un ciego que tenía unas horribles cicatrices en los ojos. Don Álvaro pensó que era un herido de guerra pero el hombre le explicó que aquellas cicatrices se las había hecho un desagradecido.

—¿Quién fue el miserable? —preguntó don Álvaro.

Y el hombre le contó que había estado criando durante tres años a un cuervo que había recogido de pequeño en el monte. «No hace mucho, mientras le estaba dando de comer, el cuervo me saltó a la cara y me sacó los ojos.» El condestable no tuvo más que repetir estas palabras para inventar el refrán.

El despilfarro

Carlos VII de Francia, aquel a quien ayudó en su guerra contra los ingleses Juana de Arco, era un rey pródigo que gustaba de organizar fastuosas fiestas en la corte. Entre muchos consejeros aduladores, tenía Carlos algún cortesano capaz de decirle la verdad. Un día, durante una fiesta, le dijo al general Poton de Xaintrailles:

—¿Qué te parece? ¿No es magnífico?

—¡Soberbio! —contestó el general—. No se puede perder un reino de una manera más divertida.

La jarretera

En el escudo de la Gran Bretaña figura una liga blanca, más conocida por la jarretera, que constituye el distintivo de la Orden de este nombre. Hay por lo menos dos versiones del porqué de la presencia de esa liga en el escudo. Según unos, cuando Eduardo III desembarcó con sus tropas en Cherburgo, les dio por santo y seña la palabra *gaster*, que significa *jarretière* en francés y jarretera o liga en castellano.

Otros dicen, sin embargo, que el episodio que dio origen a la preciada Orden no fue bélico sino amoroso. El rey Eduardo III era en efecto hombre enamoradizo. Y dicen que en uno de sus lances amorosos se quedó con una de las ligas de la condesa de Salisbury. Queriendo conservar el recuerdo de su amante, el rey se ató la liga en su pierna y cuando entró en el salón de palacio todos los cortesanos comenzaron a reír, poniendo en evidencia a la condesa. Entonces, Eduardo dijo en francés:

—*Honny soit qui mal y pense.*

Lo que significa:

—Maldito sea quien piense mal.

La expresión francesa está inscrita en la liga blanca del escudo de Inglaterra y también en la Orden de la Jarretera.

El rey Yusuf

El rey Mohamed VI de Granada ordenó dar muerte a su hermano Yusuf en el año de 1408 para asegurar que le sucediera su propio hijo. Mandó un mensajero al castillo de Salobreña, donde Yusuf estaba encarcelado, encargando al alcaide que le enviara la cabeza de su hermano con el portador de la carta. Cuando éste llegó al castillo, Yusuf jugaba una partida de ajedrez con el alcaide. Este último mostró el papel al condenado diciéndole que no tenía más remedio que cumplir la orden.

Yusuf, sin perder los nervios, le pidió terminar la partida. Estuvieron jugando alrededor de una hora más y al fin el príncipe le dio jaque mate al alcaide. Cuando se levantaron, vieron llegar a unos mensajeros de Granada que les comunicaron que Mohamed VI había muerto y que Yusuf había sido proclamado rey. Cuentan que el alcaide pidió al nuevo monarca el alfil con que le había dado jaque mate y lo conservó toda su vida.

El rey y el mercader

Luis XI de Francia no gustaba de la envarada etiqueta cortesana. Trataba con toda clase de personas e incluso las sentaba a veces a su mesa. Invitaba, a menudo, por ejemplo, a un mercader llamado Maese Juan. Un día, viendo éste los favores que le dispensaba el soberano, se creyó en situación de poder pedirle un título de nobleza. En esto se equivocó Maese Juan porque el rey, si bien le concedió lo que le pedía, no volvió a invitarle a comer. En una de las pocas ocasiones en que se vieron, Maese Juan le recordó al soberano los tiempos en que comían juntos, lamentando que no continuase aquella costumbre. El rey le dijo entonces:

—Es que vuestra condición ha cambiado. Antes érais el primer mercader y como tal yo os invitaba. Pero ahora sois el último de los nobles y yo no puedo sentaros a mi mesa sin ofender a los demás.

La camisa de Isabel

Se dice que la reina Isabel la Católica prometió no cambiarse la camisa hasta tanto que las armas cristianas hubiesen tomado la ciudad de Granada. La anécdota se repitió en los Países Bajos con otra Isabel, la infanta Clara Eugenia, hija de Felipe II y de Isabel de Valois y esposa del archiduque Alberto. La ciudad de Ostende se sublevó contra Isabel, que era gobernadora de los Países Bajos. Su marido, el archiduque, sitió la plaza e Isabel ayudó lo que pudo haciendo un voto: el de no cambiarse la camisa hasta entrar en Ostende. Y eso que el sitio duró cuatro meses.

«Luis XII miente»

Fernando V de Aragón, llamado el Católico, fue un gran diplomático, al estilo en que se entendía entonces la diplomacia, consistente según Nicolás Maquiavelo en un «bellísimo engaño». Sus principales víctimas fueron los reyes de Francia y espe cialmente Luis XII. Fernando incumplió todas las promesas que le había hecho en materia de política italiana. Un día, un cortesano que llegaba de París le dijo al rey que Luis XII le acusaba de haberle engañado dos veces. Fernando saltó al punto replicando:

—¡Miente! No le he engañado dos veces, le he engañado diez.

Las cuentas del Gran Capitán

A don Gonzalo Fernández de Córdoba le dieron el título de «El Gran Capitán» los mismos franceses a los que él había vencido en Nápoles al mando de las tropas del rey de Aragón, Fernando el Católico. Al terminar la guerra el rey le mandó comparecer para que diese cuenta de las grandes sumas de dinero que se le habían remitido para los gastos de la guerra. Don Gonzalo, en presencia de Fernando, fue dando cuenta de los gastos diciendo, por ejemplo:

—En picos, palas y azadones, cien millones.

»En utensilios necesarios para enterrar a los muertos enemigos, cien millones.

»En renovar las campanas destruidas con el uso de repicar para la celebración de las victorias, cien millones.

El Gran Capitán iba leyendo diferentes partidas de este estilo de manera que los tesoreros del rey empezaron a reír. Acallado el murmullo, dijo don Gonzalo:

—Y cien millones más por mi paciencia al escuchar que el Rey Católico pedía cuentas al que le ha regalado un reino.

El maestro de Cisneros

Cuando el cardenal don Francisco Ximénez de Cisneros se hizo cargo de la gobernación de España hasta la llegada de Carlos I, un labrador de su pueblo natal, Torrelaguna, se mostró muy satisfecho:

—Me alegro por él y por mí, que he sido su maestro.

El cura del pueblo le oyó decir esto y le preguntó:

—¿Qué pudiste enseñarle tú, que ni siquiera sabes leer?

El rústico respondió:

—Le enseñé a silbar.

Los poderes de Cisneros

A la muerte del Rey Católico, el cardenal don Francisco Ximénez de Cisneros se trasladó a Madrid para gobernar el reino hasta la llegada del príncipe Carlos. Fijó su residencia en casa de Laso de la Vega, que unos sitúan en la plaza de la Paja y otros entre la calle del Sacramento y la plaza de la Villa. Allí visitaron a Cisneros el duque del Infantado, el conde de Benavente y otros grandes de la nobleza española para pedirle que les mostrara los poderes que él tenía para gobernar el reino. El cardenal, según dicen, abrió el balcón de la estancia y les mostró las piezas de artillería que estaban situadas frente a la casa.

—Éstos son mis poderes —dijo Cisneros en frase que se hizo famosa aunque nunca ha podido documentarse su autenticidad.

La arenga de Vasco de Gama

Cuando Juan III de Portugal ocupó el trono, destituyó a Eduardo Meneses como virrey de las Indias y nombró en su lugar a Vasco de Gama, quien, después de sus famosos descubrimientos, había sufrido persecución en su país. El navegante se embarcó para el que había de ser su último viaje transoceánico, pues moriría en diciembre de aquel mismo año en la colonia. La expedición se vio sorprendida por un temporal y el terror se apoderó de la marinería portuguesa. Vasco de Gama demostró sus dotes de mando cuando calmó a su gente gritando:

—¡No tengáis miedo, portugueses! ¡Es el mar que tiembla ante vosotros!

El rey y el astrólogo

Enrique VII fue el soberano inglés que puso fin a la Guerra de las Dos Rosas —la Rosa Roja de Lancaster contra la Rosa Blanca de York—, al casarse con Isabel, hija de Eduardo IV y perteneciente a esta última casa. Enrique no era un rey guerrero. Fue un hombre ilustrado que siempre combatió las supersticiones medievales. Por entonces andaba por Inglaterra un astrólogo que hacía predicciones sobre la política del rey. Enrique lo mandó traer a su presencia y le preguntó:

—¿Sabes dónde voy a pasar las próximas Navidades?

El astrólogo se quedó callado sin saber qué responder. El rey le dijo entonces:

—Yo, en cambio, sé dónde las vas a pasar tú.

El astrólogo le miró confundido. El rey añadió:

—En la Torre de Londres.

Normas de urbanidad

Leonardo da Vinci, que fue no sólo arquitecto, escultor, pintor y músico sino también constructor de fortificaciones, de armas y de toda clase de máquinas, entendía también mucho de cocina y repostería y escribió un libro de estas materias en el que incluyó además algunas «normas de urbanidad» para los banquetes del señor a quien servía. Algunas de ellas muestran muy a las claras la crueldad que entonces empleaban los poderosos contra sus enemigos, envuelta siempre en las buenas formas propias del Renacimiento. En una de ellas dice Leonardo que «si en alguna ocasión es necesario matar a uno de los comensales, los criados deberán quitar con presteza al recién asesinado de su asiento en la mesa. Y en un cuarto vecino deberá esperar otro invitado el cual ocupará rápidamente el sitio del muerto, a fin de que el episodio no cause mala impresión en el ánimo de los comensales».

Maquiavelo y Napoleón

Napoleón Bonaparte anotó sus comentarios al margen de *El Príncipe* de Maquiavelo. El texto, de cuya autenticidad dudan algunos, es muy interesante porque muestra que Napoleón era más «maquiavélico» que Maquiavelo. En sus notas a las afirmaciones del italiano, el corso hace constantes autorreferencias a sus victorias y a sus derrotas y se compara con los personajes que Maquiavelo cita.

Cuando el autor de *El Príncipe* dice por ejemplo que hay dos formas de combatir, la propia del hombre y la propia de los animales, y añade que muchas veces no basta la primera sino que hay que acudir a la segunda, Napoleón comenta:

«Claro, es que uno no trata más que con bestias.»

Cuando el florentino dice que al príncipe le conviene, más que poseer cualidades, fingirlas, Napoleón añade:

«Sí, sí, mejor parecer honrado que serlo.»

Maquiavelo dice en una ocasión que los buenos consejos han de nacer de la sabiduría del príncipe y no la sabiduría del príncipe de los buenos consejos. El francés dice:

«Indiscutible; por eso los consejeros procuran que el príncipe no lea a Maquiavelo.»

A veces, sin embargo, Napoleón encuentra al florentino poco maquiavélico. Cuando éste tacha de inhumano a un general griego y dice que no debe ser considerado «grande», Bonaparte anota:

«Este Maquiavelo es un moralista. Carece de audacia.»

El mulo y el rey

Carlos IX de Francia sólo era feliz cuando estaba cazando, a tal punto que un cronista de su reinado llegó a decir que era más cazador que rey. Iba todos los días al monte con su escopeta y, cuando estaba enfermo y tenía que permanecer en la cama, mandaba que soltasen ratas en su cuarto para verlas morir entre los dientes de sus perros de presa.

No se contentaba con esto sino que mataba incluso animales domésticos, cerdos, gallinas, burros, para colmar su obsesión cinegética. Un día, el señor de Laussac, gentilhombre de la corte, visitó al rey en su residencia campestre y dejó su mulo atado en el patio. Carlos lo vio desde la ventana y, bajando al patio, mató al mulo a cuchilladas. Laussac, como buen cortesano, no perdió la sonrisa delante del rey. Pero le dijo:

—Lo que no comprendo, sire, es qué diferencias podía haber entre vuestra majestad y mi mulo.

París bien vale una misa

A la muerte de Enrique III, último representante de la familia Valois, la corona de Francia recayó en el rey de Navarra, como descendiente de san Luis. Pero Enrique era protestante y tuvo que recurrir no sólo a las armas sino, sobre todo, a la diplomacia para subir al trono. París se le resistió especialmente. Enrique sitió la ciudad, pero los católicos declararon que preferían morir antes que someterse a un protestante. La Sorbona decretó que quien contribuyera a hacer la paz con Enrique sería declarado hereje. Cuando Enrique dominaba toda Francia excepto la capital, el duque de Mayenne, jefe de las tropas rebeldes, le mandó decir que se hiciese católico si quería entrar en la ciudad, que se defendería hasta la muerte. Enrique IV reflexionó y dijo:

—París bien vale una misa.

En el templo de San Dionisio el rey abjuró del protestantismo y oyó la misa que le valió el trono.

Con el sombrero puesto

Enrique IV de Francia cazaba un día en un bosque próximo a Orleans y se encontró con un labrador que entabló conversación con él. Enrique le preguntó qué hacía en aquel lugar y el labriego dijo que sabía que el rey estaba cazando allí y le gustaría verle. El monarca le invitó entonces a subir a la grupa de su caballo, diciéndole que en el lugar donde se reunían los cazadores estaría el rey.

—¿Y cómo lo distinguiré? —preguntó el hombre.

—Porque será el único que lleve el sombrero puesto.

Al llegar al calvero donde estaban los cazadores, todos los del séquito se descubrieron y el monarca preguntó al labrador:

—¿Sabes ya quién es el rey?

—Vos o yo —dijo el rústico—, porque somos los únicos que no nos hemos quitado el sombrero.

El rey fanfarrón

Enrique IV de Francia procedía de Navarra y creía tener ciertos derechos sobre este reino. El embajador de Felipe II en París, don Pedro de Toledo, conversaba un día con el monarca y éste le hablaba de la vigencia de sus derechos sobre la Navarra española. El embajador le contradijo y el rey, en tono altanero, le anunció su propósito de ir a Pamplona. El embajador se levantó con muestras de tener prisa por marcharse. Enrique le preguntó cuál era la causa y don Pedro contestó:

—Me voy a Pamplona, sire, para esperar a vuestra majestad y recibirle con todos los honores como rey de Francia.

Enrique IV se echó a reír y no volvió a hablar del asunto.

La grandeza de un Médicis

Hipólito de Médicis fue el último representante de la ilustre familia florentina a la que Lorenzo el Magnífico había llevado a la cumbre de la grandeza. En su época, otro Médicis, Julio subió al solio pontificio con el nombre de Clemente VII. Y este papa empleó toda su influencia para que otro sobrino suyo, Alejandro de Médicis, gobernara Florencia. En compensación, Hipólito fue nombrado cardenal y enviado como nuncio a Hungría. Suponiendo que tendría que gobernar Florencia, había contratado a un gran número de servidores que, en su nuevo cargo eclesiástico, eran innecesarios. Además, trasladar a tan gran séquito a Budapest suponía un gasto excesivo. El papa le dijo a Hipólito que despidiese a una buena parte de esos servidores. Pero éste dio muestras de haber heredado la grandeza de Lorenzo el Magnífico al responder:

—No. Yo no los mantengo porque les necesite a ellos, sino porque ellos me necesitan a mí.

El ardid de un marido

Francisco I de Francia se enamoró o, más bien, encaprichó de la mujer de un menestral de París. Ella le citó en su casa. El marido, advertido del engaño de que iba a ser objeto, se apostó en la entrada de su casa, oculto para no ser visto y, al llegar el monarca para visitar a la esposa, empezó a gritar: «¡Viva el rey! ¡Viva el rey!» Acudió gente y Francisco I tuvo que volverse a palacio sin haber podido cumplir sus deseos.

El bufón previsor

Francisco I de Francia, tenía un bufón llamado Triboulet. Un día un cortesano amenazó al bufón del rey con darle una paliza por las burlas que le dedicaba. Triboulet fue a quejarse al monarca y éste le dijo:

—No temas. Si alguien se atreve a hacer algo contra ti, tendrá que vérselas conmigo.

El bufón previsor replicó:

—Majestad, mejor sería que intervinieseis antes de que se atreviera.

Un historiador muy considerado

El obispo Jacques Amyot, que vivió en el siglo XVI, fue historiador y traductor de los clásicos griegos y latinos. En el Concilio de Trento defendió varias proposiciones que le había sugerido Francisco I de

Francia. Otro rey, Enrique II, le confió la educación de sus hijos. Un día le preguntaron a Amyot por qué no escribía la historia de Francia y él respondió:

—Oh no, soy demasiado adicto a mis soberanos como para publicar las cosas que han hecho.

Cabeza a la medida

Enrique VIII de Inglaterra envió una embajada a Francisco I de Francia para tratar de mejorar las relaciones entre los dos reinos. Para ello llamó al obispo Edmundo Bonner, hombre de su confianza y hábil diplomático. El obispo manifestó al rey su temor de que Francisco le mandara matar en vez de escucharle. Enrique trató de tranquilizarle diciendo que si le pasaba algo, él mandaría cortar la cabeza a los muchos franceses que residían en Inglaterra. El obispo respondió:

—Majestad, ninguna de esas cabezas se adaptaría a mi cuerpo mejor que la mía.

Un consejo de Tomás Moro

Le decía Tomas Moro a un noble que había sido nombrado consejero del rey Enrique VIII de Inglaterra:

—Habéis entrado al servicio del príncipe más sabio, noble y liberal. Si queréis seguir mi humilde consejo, cuando tengáis que dar a su majestad el vuestro, decidle siempre lo que debería hacer pero nunca lo que es capaz de hacer. Así seréis un buen servidor y un valioso consejero. Porque si el león supiera la fuerza que tiene, nadie podría dominarle.

Yo y mi rey

A principios de su reinado, Enrique VIII de Inglaterra dejó todos los asuntos en manos de Wolsey, hijo de un carnicero de Ipswich. A petición del rey, el papa le hizo cardenal. Su casa era la de un monarca: tenía más de cuatrocientos servidores, dieciséis capellanes y un coro de niños. Los rasgos de este «mozo de Ipswich» eran la vanidad y la ambición. Cuando escribía a los soberanos extranjeros encabezaba las cartas con la fórmula «*Ego et rex meus*» (yo y mi rey).

Obispo comprensivo

A propósito de los crímenes que cometió Enrique VIII de Inglaterra para deshacerse de sus mujeres decía el obispo Stubbs que «los retratos de las reinas no justifican pero sí explican que el rey tuviese tanta prisa por suprimirlas».

La esposa en el baúl

Para separarse de Catalina de Aragón, hija de los Reyes Católicos, y casarse con Ana Bolena, Enrique VIII rompió con el papa, que le excomulgó. Pero el rey no quería fundar una iglesia protestante sino una iglesia católica nacional. De ahí que persiguiera, no solamente a los católicos, haciendo decapitar a santo Tomás Moro, sino también a los protestantes. Hizo votar por la Cámara de los Lores un estatuto en el que se reconocía entre otras cosas la validez de los votos de castidad y la excelencia del celibato de los clérigos. El arzobispo Cranmer, que estaba casado secretamente, tuvo que enviar a su mujer a Alemania. Lo pintoresco del caso es que el arzobispo, antes de la ruptura con Roma, llevaba siempre a su esposa en un baúl perforado. Y, después, tuvo que enviarla al extranjero con baúl y todo. Más tarde, cuando la Iglesia anglicana autorizó el matrimonio de los clérigos, la mujer de Cranmer pudo volver, ya fuera del baúl, a Inglaterra.

Enrique VIII y el cardenal

El cardenal Thomas Wolsey era canciller de Inglaterra y ministro de Estado de Enrique VIII. Cuando el rey quiso repudiar a su primera esposa, Catalina de Aragón, y pidió a la Iglesia que anulara su matrimonio con ella, el cardenal Wolsey le apoyó. Pero, en cambio, se mostró en contra de que el monarca se casara con Ana Bolena. Por ello Wolsey cayó en desgracia y, cuando Enrique rompió definitivamente con Roma, el cardenal no quiso abjurar de la religión católica. Fue juzgado y condenado a muerte aunque se libró de la ejecución porque murió en la abadía de Leicester tres días antes de la fecha en que había de cumplirse la sentencia. Antes de morir le dijo al alcaide de la Torre de Londres que le custodiaba:

—Dios no me hubiera abandonado si le hubiese servido con tanto celo como al rey.

De reina a santa

Después de haber repudiado a Catalina de Aragón, hija de los Reyes Católicos, el monarca inglés Enrique VIII se casó con Ana Bolena. Luego se enamoró de Juana Seymour y, para casarse con ella, mandó decapitar a Ana. Antes de subir al patíbulo en un día de mayo de 1536, Ana Bolena le dijo a una de las damas que la acompañaba:

—De simple particular que era me hizo marquesa, después reina; y no pudiendo ensalzarme más en este mundo, me envía al Cielo como santa.

Isabel y María

Isabel de Inglaterra y María Estuardo de Escocia se profesaron una mutua enemistad que acabó cuando la primera hizo decapitar a la segunda por haber conspirado para sucederla en el trono inglés. Pero a los problemas de Estado se sumaba la rivalidad personal. Cuando el embajador de María, Melville, visitó a Isabel, ésta quiso saber las cualidades y defectos de la reina de Escocia. Preguntó al embajador si sabía tocar el laúd tan bien como ella, si sabía bailar, si los cabellos castaños de María la favorecían más que los pelirrojos a ella misma. En un momento dado, Isabel preguntó cuál de las dos era más alta. El embajador respondió que María Estuardo era más alta. Isabel replicó: «Entonces es demasiado alta.»

La muerte de María Estuardo

Cuando llegó la hora de la ejecución de la reina de Escocia y aspirante al trono de Inglaterra en el que se sentaba Isabel I, María Estuardo llamó a sus damas para que le hicieran el último tocado. Las camareras reales no eran muy duchas en preparar a las personas para la decapitación. Le quitaron a la reina el sombrero y el velo pero le dejaron un corpiño que cubría el cuello. El verdugo, al ir a colocar a la reina en el tajo, observó que el corpiño estorbaría para la ejecución y se lo arrancó dejando a la reina medio desnuda. Ella se ruborizó y dijo en voz alta, que pudieron oír los que estaban junto al patíbulo:

—No estoy acostumbrada a esta *toilette* ni a este camarero.

El castigo de un adulador

Jacobo I de Inglaterra preguntó un día a un grupo de cortesanos si podía o no tomar de sus súbditos el dinero que necesitaba sin pasar por las formalidades que le exigía el Parlamento. Su favorito, Robert Garr, a quien el rey acababa de hacer duque de Somerset, le contestó sin vacilar:

—Podéis hacerlo puesto que sois el rey.

El conde de Arrau, a quien el rey interrogó a continuación, dijo:

—En efecto, vuestra majestad puede tomar el dinero de Somerset puesto que él os lo ofrece.

La devoción de Carlos V

El emperador Carlos era muy creyente. Cuando oía tronar en la tormenta solía decir:

—Ése, señores, ése sí que es emperador.

San Francisco de Borja

El marqués de Lombay, duque de Gandía y virrey de Cataluña, Francisco de Borja, fue el protagonista de una de las más famosas anécdotas relacionadas con lo efímero del poder político. Cuando murió la emperatriz Isabel, esposa de Carlos V, el marqués recibió el encargo de conducir sus restos desde Toledo hasta Granada, donde la emperatriz debía ser sepultada en la Capilla Real de los Reyes Católicos.

Cuando la comitiva llegó al campo de la Cruz Blanca, en Granada, el marqués procedió a entregar el féretro al maestre de Ávila. Para reconocer el cadáver se abrió la caja de plomo. Viendo a la emperatriz muerta, el duque de Gandía murmuró:

—No quiero servir a dueño alguno que se me pueda morir.

Cuando Francisco de Borja enviudó de su esposa Leonor de Castro, ingresó en la Compañía de Jesús para iniciar su camino de renuncia a las glorias mundanas.

En el infierno no puedo nada

Cuando Miguel Ángel pintaba los frescos de la Capilla Sixtina, Paulo III iba a menudo a ver al artista. Solía acompañar al papa su maestro de ceremonias, Biagio de Cesena. El pontífice le preguntó a su acompañante qué pensaba de la obra. Biagio era hombre muy escrupuloso y no pudo por menos que contestar que le parecía inconveniente que en una capilla se pintasen tantos personajes desnudos.

—Esto sería adecuado para una posada o para unos baños —dijo Biagio.

Miguel Ángel retrató de memoria al dignatario y le metió en el infierno bajo la forma de Minos, con una serpiente enrollada en las piernas y en medio de los diablos. Biagio se quejó al papa y le pidió que prohibiese a Miguel Ángel pintarle de aquella manera. Paulo III contestó:

—Si te hubiese puesto en el Purgatorio, habría podido hacer algo para salvarte; pero te ha puesto en el Infierno, y allí yo no puedo nada.

Un diamante para el rey

Un joyero portugués se presentó ante el rey Felipe II para mostrarle un precioso diamante. El rey mostró un cierto desdén ante aquella maravilla, quizá para no descubrir del todo la impresión que le había causado. El mercader le dijo entonces que había pagado setenta mil ducados por la piedra. Y el rey le preguntó:

—¿En qué pensábais cuando disteis tanto?

El portugués respondió:

—Pensaba, señor, en que había un Felipe II en el mundo.

El Rey Prudente, como se le llama, demostró no ser insensible al halago porque adquirió la piedra. En palabras de Baltasar Gracián, que cuenta la anécdota en su libro *El Héroe*:

—Cayóle al monarca en picadura más la agudeza que la preciosidad y mandó luego pagarle el diamante y premiarle el dicho.

Felipe II y las barbas

Fue según parece este rey el que impuso en España la moda de que los hombres se cortaran el cabello y se rasuraran la barba. Así lo dice don Baltasar Porreño en su obra *Dichos y hechos de Felipe II*: «Antes que su majestad reynara se usaba en España traer los hombres barbas y cabello largo, y por su gran modestia introduxo el cortarse el cabello y barba, y es de mucha policía para la limpieza y aseo del cuerpo, y más seguro en la guerra, donde la barba larga es dañosa viniendo a brazos con el enemigo.»

El pronóstico no se cumplió

Al rey Felipe II le dieron un pronóstico que un astrólogo había hecho del año 1579, anunciando grandes males. El rey los mandó imprimir «para probar de este modo —según escribe Baltasar Porreño en *Dichos y hechos de Felipe II*— la vanidad del autor y para que se avergonzase porque ninguno de los males que amenazaba sucedió, y dando a entender el poco caso que se debe hacer entre cristianos de estos pronosticadores».

Tratamiento

Algunos caballeros y consejeros de la corte de Felipe II fueron a quejarse al rey de que mucha «gente común» se daban el tratamiento de Don y Doña. Pidieron a su majestad que remediase esta situación dictando una pragmática e imponiendo graves penas. Baltasar Porreño en sus *Dichos y Hechos de Felipe II* dice que el rey respondió como prudente:

—Esto es irremediable y así me parece dexallo y que cada uno tome de la vanidad lo que quisiere.

El poeta Ercilla

Don Alonso de Ercilla, autor del poema *La Araucana*, era un hombre muy tímido. A pesar de que se había criado junto con Felipe II, pues le había servido de paje en sus años juveniles, se azoraba cuando le preguntaban algo y no acertaba a hablar con naturalidad. Felipe II solía decirle en frase que sonaba a endecasílabo:

—Habladme por escrito, don Alonso.

Felipe II y Cataluña

En 1585 Felipe II se encontraba en Cataluña y quiso visitar el monasterio de Poblet. Precedido de un correo real se dirigió al lugar donde se encuentra el cenobio cisterciense, cerca de la población de Montblanc en lo que hoy es provincia de Tarragona. El correo llamó a la puerta y abrió la mirilla el hermano portero para preguntar quién llamaba. El correo le anunció que llegaba el rey de España.

—Aquí no conocemos a ese señor rey —dijo el portero.

El correo fue a comunicárselo al monarca y éste le dijo:

—Volved al monasterio y decid a los monjes que quien llega es el conde de Barcelona.

Para el conde sí se abrieron las puertas del monasterio.

Casarse en España

El doctor Morata fue un hombre ingenioso y tocado de la locura, que estaba al servicio de Felipe II. Según se cuenta en un libro de la época, *La Floresta Española de Agudezas*, el rey le dijo a Morata que deseaba casarle y que fuese buscando un partido en Madrid. El gracioso contestó:

—Señor, yo tengo a vuestra majestad por hombre entendido y como os habéis ido a casar a Inglaterra, Francia, Alemania y Portugal, algo sabréis de las mujeres de Madrid y así no quiero casarme.

El divino Vallés

En el otoño de 1580 enfermó el rey Felipe II. Los médicos que le atendían habían agotado todos los remedios y el soberano mandó llamar a Francisco Vallés, *el Divino*. Después de reconocerle, ordenó que le dieran una enérgica purga. Los médicos de cabecera se opusieron a ello, diciendo que la luna estaba en contraposición y que la purga produciría efectos contrarios. Vallés, que no creía en las supersticiones, dijo:

—Le daré yo la medicina a su majestad tan despacito que la luna no se enterará.

El rey sanó y Vallés fue nombrado primer médico de Cámara.

La mentira de Richelieu

Cuando Armand du Plessis, el futuro cardenal Richelieu, fue designado obispo de Luçon, se trasladó a Roma para ser consagrado. El papa Paulo V le preguntó si tenía la edad canónica requerida para ser obispo. Richelieu le contestó que sí e inmediatamente le pidió al papa su absolución por haberle mentido. Paulo V le absolvió pero dijo:

—*Questo giovanne sará un gran furbo.* (Este joven será un gran pícaro.)

Armand du Plessis tenía cinco años menos que los que se requerían para alcanzar el episcopado.

El error de Ibrahím I

El sultán de Turquía Amurates IV fue un tirano que se aseguró el trono asesinando a todos los que estaban en condiciones de poderse sentar en él. Su hermano Ibrahím tomó la determinación de fingirse idiota y Amurates creyó que lo era de verdad. Así se salvó de ser degollado como todos los demás príncipes. A los nobles de la corte les interesó tener un soberano tonto y, en una «conspiración de serrallo» mataron a Amurates y proclamaron sultán a Ibrahím. Éste, al oír que le vitoreaban, se cansó del papel que había venido representando y cometió un inmenso error. Les dijo a los nobles:

—Os advierto que no soy tonto.

Duró sólo dos meses.

La poligamia

En tiempos de Luis XIV, el sultán de Marruecos envió a París una embajada; María Teresa de Borbón, princesa de Conti, tuvo una conversación sobre la poligamia con el embajador del sultán. Le preguntó cómo se explicaba que un musulmán pudiera tener varias esposas. El embajador demostró ser un caballero muy galante, pues contestó:

—Señora, en nuestro país necesitamos reunir varias mujeres para conseguir todas las cualidades que aquí se encuentran en una sola.

Luis XIV, niño

Cuando Luis XIII de Francia murió, su hijo, el que había de ser el Rey Sol, tenía tres años de edad. En su lecho de muerte, el rey quiso ver a su heredero y, quizá porque no tenía ya todas sus facultades, olvidó su nombre y le preguntó:

—¿Cómo te llamas?

Respuesta del niño:

—Luis XIV, papá.

Luis XIV y Dios

Cuenta Voltaire que cuando el Rey Sol tuvo noticia de que sus ejércitos, al mando del general Villeroy, habían sido vencidos por el duque de Malborough en Ramillies en el año de 1706 hizo el siguiente comentario:

—Dios ha olvidado lo mucho que yo he hecho por Él.

Jesucristo iba andando

Cuando el rey Luis XIV desencadenó la brutal represión contra los hugonotes o protestantes de Francia, el papa Inocencio XI le mandó decir:

«Esos métodos no eran los de Cristo. Bien está llevar a los protestantes a nuestra Iglesia, pero nunca a la fuerza.» El rey envió a su embajador a Roma con un batallón de dragones de caballería. Cuando llegó a presencia del papa, éste le dijo al emisario real: «Viene usted con coche y caballos. Nosotros vamos andando, como hacía el Señor.»

Luis y Felipe

Felipe IV de España era a la vez tío y suegro de Luis XIV de Francia. Lo primero porque la madre de Luis, Ana de Austria, era su hermana y lo segundo porque la hija del rey español, María Teresa, se había casado con el francés. Tuvieron uno y otro, sin embargo, muchas diferencias. Y en la corte de Versalles, los aduladores llamaban «el Rey Sol» a Luis; y a Felipe, «el Rey Planeta».

El Estado soy yo

Es muy famosa la frase de Luis XIV cuando dijo «El Estado soy yo». No es tan conocido el momento en que pronunció esta frase, que es algo así como el compendio del Absolutismo. El Parlamento de París, como primer tribunal de Francia, tenía entre sus atribuciones la de examinar, modificar e incluso suprimir los edictos del rey. Ninguna disposición real surtía efecto sin estar aprobada por el Parlamento. Un día se les ocurrió a los parlamentarios oponerse a una norma dictada por Luis XIV. El Rey Sol estaba cazando en Vincennes cuando le llevaron la noticia. Vestido de cazador, con botas y espuelas se presentó en París y prohibió a los parlamentarios que en adelante examinaran y discutieran las normas que él dictaba.

El presidente de la Cámara le dijo al monarca que si el Parlamento discutía sus edictos era para bien del Estado. Al oír estas palabras, Luis XIV replicó:

—El Estado soy yo.

No estaba para discursos

Un día, durante un viaje por sus reinos, Luis XIV se detuvo en una pequeña población. Acudieron a cumplimentarle los notables del lugar, precisamente en el momento en que el monarca se disponía a comer. El alcalde improvisó un discurso en el que empezó diciendo:

—Señor... Alejandro Magno...

El rey, al ver que el munícipe se remontaba a la Antigüedad, le interrumpió:

—Alejandro Magno había comido y yo, no.

Y los dejó plantados.

La presencia del dux

En 1684 Génova fue bombardeada por una escuadra francesa por haber ayudado a España en la guerra. El rey de Francia ordenó que el dux se trasladara a París para pedirle perdón. Una vez que fue recibido por el rey, uno de los cortesanos le preguntó al genovés:

—¿Qué es lo que le ha parecido más extraordinario en Versalles?

—Mi presencia —respondió el dux.

Ni por adulación

Luis XIV jugaba una partida de cartas con un cortesano que siempre le adulaba. Se produjo una discusión a propósito de una jugada y aunque el rey sostenía que había ganado la baza, el otro no le daba la razón. En éstas llegó el mariscal de Grammont, que no había visto la jugada en cuestión. Y cuando le preguntaron quién tenía razón, dijo que sin duda era el que estaba jugando con el monarca.

—Pero vos no habéis visto la jugada —reclamó Luis XIV.

Grammont sentenció:

—Sire, si vuestra majestad tuviese el menor asomo de razón, este señor se la habría dado por completo e inmediatamente.

La paga del bibliotecario

Luis XIV visitaba un día la biblioteca de una capital de provincias y formuló al bibliotecario una serie de preguntas peregrinas que el empleado no supo contestar. Cuando el rey oyó que le contestaba una y otra vez «no lo sé, sire», dijo:

—Y entonces, ¿por qué os pagan?

El funcionario contestó:

—Me pagan por lo que sé. Si me pagaran por lo que no sé no habría dinero en vuestras arcas para abonarme los honorarios.

No hay Pirineos

Cuando Felipe de Anjou salió de Francia para ocupar el trono de España con el nombre de Felipe V, su abuelo, el rey Luis XIV, le dijo:

—Desde hoy, Francia y España deben ser consideradas como si fuesen una sola nación y tener idénticos intereses. Desde este instante, no hay Pirineos.

Voltaire calificó esta expresión del Rey Sol como «la más hermosa frase pronunciada por el monarca».

La utilidad del idioma español

La madre y la esposa de Luis XIV, eran infantas de España pero el Rey Sol no hablaba nuestro idioma aunque lo comprendía. Un día le preguntó a un cortesano, el marqués de Fournas:

—¿Sabéis español?

El marqués dijo que no lo sabía y el rey comentó:

—¡Qué lástima!

El cortesano pensó entonces que el rey había pensado enviarle a él como embajador de Francia en España y se puso a estudiar el castellano con gran aplicación. Algún tiempo después se presentó ante el monarca y le dijo:

—Sire, ya he aprendido el español.

El rey le preguntó entonces si lo había aprendido a fondo, lo suficiente como para comprender la gracia de sus frases y giros. Cuando el marqués le contestó afirmativamente, el rey añadió:

—Os felicito, así podréis leer el *Quijote* en el idioma original.

El alma de Mazarino

Cuando murió el cardenal Mazarino, sucesor de Richelieu, un cortesano se lo comunicó al rey Luis XIV:

—Sire, el cardenal ha entregado su alma a Dios.

El rey preguntó:

—¿Estáis seguro de que Dios la ha aceptado?

Los árboles molestos

A Luis XIV de Francia le molestaban unos árboles de su jardín porque le privaban de la vista. Un cortesano, el duque de Antín, mandó serrar aquellos árboles por la base pero sin derribarlos del todo. Cuando llegó el Rey Sol, le preguntó cuándo quería que los mandase quitar. «En seguida», dijo el rey. Y al punto, Antín ordenó a los jardineros que tiraran de las cuerdas con que habían sido amarrados. El rey quedó asombrado y así empezó la carrera de Antín, que llegaría a ser ministro de Estado. La duquesa de Borgoña dijo: «Si al rey le molestara ver nuestras cabezas, Antín las mandaría cortar.»

El rey se aburre

La adulación necesita a veces de cierta agudeza. A este propósito se cuenta una anécdota del compositor Lully, a quien el rey Luis XIV solía distinguir con sus favores. Un día, el Rey Sol estaba cansado de los preparativos de una fiesta y le dijo a Lully que se aburría. El músico le respondió:

—El rey es el que manda. Puede aburrirse tanto como le plazca.

Madame de Maintenon

Después de haber tenido muchas amantes, fijas y eventuales, Luis XIV se enamoró de Françoise d'Aubigné y la nombró marquesa de Maintenon. Cuando murió su esposa, María Teresa de Austria, se casó secretamente con ella. Madame de Maintenon nunca fue reina de Francia pero sí la persona que mayor influencia tuvo sobre el monarca hasta su muerte.

La Maintenon tenía un hermano libertino y aventurero que se hacía llamar «cuñado del rey» y había sido ennoblecido con el título de conde. Visitaba a menudo a su hermana y escuchaba sus quejas con paciencia y buen humor. Un día en que ella estaba muy preocupada por algún asunto relacionado con las intrigas cortesanas, madame de Maintenon le dijo a su hermano:

—Hay veces que quisiera morirme.

Y dicen que el conde D'Aubigné le replicó:

—No pensarás casarte con el Padre Eterno, ¿verdad?

El elogio de Boileau

Luis XIV enseñó en una ocasión al ensayista Nicolás Boileau unos versos que había compuesto y le pidió que le dijera su opinión. Boileau dedicó al rey el siguiente elogio:

—Nada hay imposible para vuestra majestad. Habéis querido hacer unos malos versos y ¡con qué facilidad lo habéis conseguido!

El rey cumple los sesenta

Se lamentaba un día el Rey Sol de haber cumplido los sesenta y el mariscal de Gramont, gran adulador, le dijo:

—Pero, majestad, ¿quién no tiene hoy sesenta años?

Todo es ya posible

Cuando murió el rey Luis XIV, un cortesano exclamó: «Si se ha muerto el Rey Sol ya se puede creer en todo.»

Primum vivere

La teoría de que lo primero es vivir encuentra una matización en una anécdota de uno de los ministros de Luis XIV, el marqués de Argenson. Cuando este aristócrata ocupaba la cartera de Estado se le presentó un periodista llamado Desfontaines, que por entonces se dedicaba a escribir libelos injuriosos y artículos de escándalo aunque anteriormente se había dedicado a componer y traducir obras más serias. Debido a la acusación de una de sus víctimas, le metieron en la cárcel y él recurrió a Voltaire, quien consiguió primero que saliera de prisión y después que no fuese desterrado.

Desfontaines pagó a Voltaire estos favores escribiendo un libelo titulado *Voltairomanie* que no sólo era una crítica sino un cúmulo de injurias y calumnias. Un día que el libelista visitó al marqués de Argenson, éste le reprochó lo mal que se había portado con Voltaire y su inclinación a insultar y calumniar a la gente. Desfontaines replicó:

—Monseñor, es que tengo que vivir...

Argenson contestó fríamente:

—No veo la necesidad.

De incógnito

El regente de Francia durante la minoría de edad de Luis XV, Felipe de Orleans, quiso un día ir a un baile de Carnaval sin ser reconocido. El abate Dubois, amigo suyo, le propuso darle una patada en el trasero para que, viéndolo los invitados, se convencieran de que el que la recibía no podía ser el regente. Consintió éste y, al recibir la patada, exclamó Orleans: «Creo que me habéis disfrazado en exceso.»

El favor del regente

En una ocasión, un abad pedía una abadía al duque de Orleans, regente de Francia. Importunado por el abad, el regente replicó sin mirarle: «Andad y que os den por el culo.» El abad dijo entonces: «Para ello necesito dinero.» El regente le miró y se echó a reír de lo feo que era. Y le dio la abadía que le había pedido.

Predestinada y pensionada

Una adivina predijo a la hija de los señores de Poisson, siendo niña, que llegaría a ser amante de un gran rey. Con el tiempo la niña se convirtió en la marquesa de Pompadour. Y Luis XV, de quien era amante, le concedió una pensión de seiscientas libras por el sólo hecho de que, de niña, una adivina hubiera predicho que llegaría a ser la favorita del rey.

Quién lo hubiera dicho

Chamfort cuenta entre sus *Máximas* y *Anécdotas* que el abate Fleury se enamoró de la mariscala de Noailles y ella le despreció. Cuando Luis XV nombró a Fleury primer ministro, la mariscala necesitó de él y fue a verle. El primer ministro le recordó entonces sus pasados rigores y ella exclamó: «Oh, monseñor, ¡quién hubiera dicho que llegaríais tan alto!»

Cromwell y la cabeza del rey

En 1694, Oliver Cromwell mandó que le cortaran la cabeza al rey Carlos I Estuardo. Llevaba tiempo el futuro Protector de Inglaterra preparando este plan. Un parlamentario de su partido, Algernon Pedney, quería disuadirle advirtiéndole que la ejecución del rey podía provocar un levantamiento y significaba dar un mártir a la causa de sus partidarios. Cromwell dijo:

—Nadie se moverá pero, si queréis, podemos cortarle la cabeza con la corona puesta.

La buena salud del rey Carlos

Oliver Cromwell consiguió que el Parlamento inglés condenara a muerte al rey Carlos I. Y cuentan que el día en que el monarca fue ejecutado, el dictador se acercó al patíbulo para cerciorarse de que su voluntad se había cumplido. Contempló atentamente el cadáver y levantando entre sus manos la real cabeza dijo:

—El rey gozaba de muy buena salud. Habría podido vivir muchos años.

La venganza del verdugo

Cuando Carlos I de Inglaterra fue condenado a muerte en 1649, los partidarios del rey hicieron que el único verdugo que había en Londres abandonara la ciudad. En la víspera del día señalado para ejecutar la sentencia no había verdugo pero, de pronto, se presentó un enmascarado que dijo que él haría el trabajo. En la ciudad se rumoreó que este verdugo voluntario era un noble, lord Stair, que quería vengarse del monarca porque éste había seducido a una mujer de su familia. Es el único caso que se recuerda de un hombre que ejerció para vengarse el oficio de verdugo.

Carlos I en el patíbulo

«Dejo una corona corruptible por una corona incorruptible», dijo en el patíbulo Carlos I de Inglaterra poco antes de que le cortaran la cabeza. «Espera la señal, Brandon», le dijo después al verdugo. Y cuando el rey dio la señal, el hacha cayó sobre su cuello. Muchos de los que habían presenciado la ejecución se acercaron al patíbulo para mojar sus pañuelos en la sangre del monarca. Los soldados de la guardia vendieron trozos de madera del patíbulo manchados de sangre real. También cobraban por permitir a la gente acercarse al ataúd para ver al rey muerto. Los soldados recaudaron bastante dinero y a uno de ellos se le oyó decir:

—Ojalá tuviéramos tres o cuatro majestades para descabezar...

Cromwell y el Parlamento

«Ya es hora de que yo ponga fin a las sesiones que celebráis en este lugar que habéis deshonrado con vuestro desprecio a la virtud y la práctica de todos los vicios.» Así dijo Oliver Cromwell, enfurecido, cuando entró en el Parlamento para disolverlo el 20 de abril de 1653. Luego dijo a los diputados en tono imperioso: «Os ordeno, si queréis salvar la vida, que abandonéis este lugar inmediatamente.» Todos salieron y la Cámara fue cerrada. Alguien puso en la entrada un cartel que decía: «Se alquila. Ahora, sin muebles.»

Boda de Estado

El rey Carlos II de Inglaterra le dijo a su pariente Guillermo de Orange en su noche de bodas:

—Ahora, sobrino, ¡a trabajar! ¡Adelante! ¡San Jorge por Inglaterra!

El exilio

El rey Carlos II de Inglaterra había conocido el exilio. Cuando su padre, Carlos I, fue decapitado, él se encontraba en Holanda. De regreso en su país, Cromwell venció a las tropas que habían llegado con el rey y éste tuvo que exiliarse de nuevo. Después de la restauración, Carlos se enfrentó a menudo con el Parlamento. Y se cuenta que, en una ocasión, su hermano el duque de York, que luego sería Jacobo II, le propuso tomar cierta decisión que podía inquietar a la Cámara de los Comunes. Carlos le respondió: «Hermano mío, estoy harto de viajar a Europa. Después de mí, podréis viajar cuanto queráis.»

Fidelidad

Ser fiel a sí mismo es una virtud suprema en el hombre y, para un político no hay mayor alabanza que decir de él que es fiel a sus propias ideas. Sin embargo, la política lleva a los que la practican a cambiar esa fidelidad por otra muy diferente. La definió un diplomático inglés que se encontraba en la Corte de Francia en el momento en que Cromwell emprendía las acciones que terminarían con la decapitación de Carlos I de Inglaterra. Un dignatario francés le preguntó al diplomático inglés si estaba a favor del rey o del futuro protector. El diplomático contestó:

—Yo soy solamente un fiel servidor de los acontecimientos.

La etiqueta que mata

La etiqueta de la corte de los Austrias era muy rígida. Y a consecuencia de ella, según algún relato de la época, murió el rey Felipe III. Así lo sugería al menos el embajador de Francia, marqués de Basompierre. El invierno de 1621 fue muy frío y en el despacho del rey se colocó un gran brasero. Felipe, que padecía unas ligeras calenturas, recibía en el rostro el fuerte calor del brasero, lo cual le hacía sudar y le sofocaba. En realidad, el rey murió de escarlatina pero esto no impidió a Basompierre asegurar que la culpa de la muerte fue la etiqueta. El marqués de Tovar pidió al duque de Alba que retirase el brasero del cuarto real. Pero Alba respondió que no podía hacerlo porque ese servicio correspondía al duque de Uceda. Mandaron buscar a este último pero había salido de palacio. Tardó en volver y el calor del brasero provocó la sofocación del monarca.

La grandeza de Felipe IV

En la época de Felipe IV, la monarquía española perdió Flandes, sufrió la separación de Portugal y comenzó su ocaso en América con la pérdida de Jamaica. Esto sin contar con las posesiones que le quitaron los franceses en Europa.

A pesar de todo, el rey era conocido como Felipe el Grande. Un día alguien calificó así al soberano delante de don Francisco de Quevedo y éste, con su cáustico humor, replicó:

—Sí que es grande; pero a la manera de los pozos, que son más grandes cuanta más tierra se les quita.

El orgullo de don Rodrigo Calderón

Don Rodrigo Calderón, marqués de Siete Iglesias, que fue secretario de Estado con Felipe III fue acusado, después de que cayera en desgracia su protector, el duque de Lerma, de una serie de crímenes, entre ellos de haber envenenado a la reina Margarita de Austria y a otros personajes de la corte. Fue procesado y, a la muerte del rey, Felipe IV, a instigación de su valido el conde-duque de Olivares, que odiaba a Calderón, añadió a aquellos crímenes nuevos cargos, acusándole de haber robado a la Hacienda y haberse labrado a su costa una gran fortuna.

Fue condenado a morir degollado y, el día en que iba a cumplirse la sentencia, entró en la Plaza Mayor de Madrid, lugar de la ejecución, montado en una mula con tal arrogancia que se hizo proverbial el dicho: «Tiene más orgullo que don Rodrigo en la horca.» Como se ha visto, no fue ahorcado sino degollado, aunque la frase se ha dicho así siempre. El conde de Villamediana, poeta cortesano, le dedicó un epitafio que decía:

Aquí yace Calderón.
Pasajero, el paso ten,
que en hurtar y morir bien
se parece al Buen Ladrón.

Por qué no se hizo el canal

El conde-duque de Olivares encargó a una junta que estudiara la canalización del Manzanares, del Jarama y del Tajo al objeto de hacer navegables estos ríos. La junta desaprobó el plan por el siguiente motivo:

«Si Dios hubiese deseado que estos ríos fuesen navegables, con un solo *fiat* lo hubiese realizado; y sería atentatorio a los derechos de la Providencia mejorar lo que ella, por motivos inexcrutables, había querido que quedase imperfecto.»

«*Troppo vero*»

Cuentan que cuando Velázquez terminó en Roma el retrato de Inocencio X, el papa comentó: «*Troppo vero*.» Era a la vez una alabanza y una crítica porque aunque acaso le hubiera gustado que embelleciera un poco a su persona en el retrato, reconocía la exactitud que había conseguido al pintarlo. Confirmó este extremo un cardenal que al acercarse a la habitación donde estaba el cuadro, acompañado de unos visitantes, vio el retrato de Inocencio X a través de la puerta entornada y dijo:

—Bajad la voz, pues Su Santidad parece estar descansando.

Algo parecido le sucedió al rey Felipe IV en Madrid con el retrato que Velázquez había hecho a su esclavo Juan de Pareja. El rey llegó al estudio del pintor y vio el cuadro al fondo. Irritado con Pareja, le gritó:

—¿Todavía estás aquí? ¿No te ordené que te marchases inmediatamente?

Osuna y los forzados

Siendo el duque de Osuna virrey de Sicilia y Nápoles a comienzos del siglo XVII, visitó las galeras surtas en el puerto de esta ciudad para oír las quejas de los forzados. Era ésta una costumbre que los virreyes mantenían desde hacía tiempo. El duque fue preguntando a cada uno de los forzados la causa de la condena a galeras. Todos decían que el castigo había sido injusto, consecuencia de un falso testimonio y de prevaricación del juez.

Uno de los forzados, con gran franqueza, declaró haber sido condenado por horrendos delitos para los que el trabajo en las galeras era casi un premio. El duque de Osuna, se volvió entonces al general de la flota y le dijo:

—Ponga inmediatamente en libertad a este criminal, no vaya a ser que pervierta a todos estos inocentes.

El rey y el obispo

En su *Floresta Española de Agudezas* cuenta Francisco Asensio que un día, el rey Felipe IV vio a un obispo cabalgando sobre una mula que llevaba el freno dorado. Le dijo:

—Los obispos de otro tiempo se contentaban con una burra sin más adorno que el de un simple cabestro.

A lo que el obispo respondió:

—Señor, eso era en el tiempo en que los reyes eran pastores y guardaban ovejas.

Felipe IV y el *Quijote*

Un día estaba Felipe IV con sus cortesanos en el balcón del Alcázar de Madrid. Y desde allí vio a un estudiante que estaba sentado leyendo un libro y de cuando en cuando estallaba en sonoras carcajadas. El rey les dijo a los cortesanos:

—El estudiante o es un loco o está leyendo *Don Quijote de la Mancha*.

Uno de los cortesanos bajó a donde el estudiante estaba y comprobó que leía el libro que su majestad había dicho.

Despilfarro y penuria

En su libro *El rey se divierte* José Deleito Piñuela dice que en la corte de Felipe IV de España el enorme gasto engendrado por la ostentación, la prodigalidad, el parasitismo y el dispendio causado por las fiestas palatinas tenía en ocasiones como consecuencia la mayor penuria. Y cita uno de los *Avisos* de Barrionuevo en que se dice que a veces el rey carecía de lo más esencial para comer:

«Dos meses y medio ha que no se dan en palacio las raciones acostumbradas, pues no tiene el rey un real y el día de San Francisco le pusieron a la infanta en la mesa un capón que hedía como a perros muertos. Siguióle un pollo sobre unas rebanadillas como torrijas llenas de moscas y se enojó de suerte que a poco no da con todo en tierra. Mire vuestra merced cómo anda Palacio.» Los días de abstinencia Felipe IV comía pescado como estaba mandado, pero en algunas ocasiones tenía que comer huevos y más huevos «por no tener un real». Según un documento, el 20 de mayo de 1658, el proveedor de palacio declaraba que «no tenía dinero de ningún modo para sustentar la Real Casa y que, como no pagaba a nadie, no les querían fiar nada».

Las piernas de la reina

Después de enviudar de Isabel de Borbón y para asegurarse un descendiente varón, el rey Felipe IV se casó con su sobrina, Mariana de Austria, que tenía quince años de edad. Aunque procedía de la corte de Viena, la reina encontró la etiqueta llamada *austriaca* de la de Madrid demasiado rigurosa. Su camarera mayor, la condesa de Medellín, le hacía continuamente severas advertencias acerca de su comportamiento. Si Mariana se reía, la condesa exclamaba: «¡Las reinas de España no se ríen en público!» Tampoco la dejaba andar, por el principio de que las reinas han de ir siempre en coche. En una ocasión pasó Mariana con sus acompañantes por un pueblo en el que se fabricaban muy buenas medias de seda. Le ofrecieron allí a la soberana varios paquetes de diversos colores. El mayordomo mayor cogió aquella ofrenda y se la arrojó a la cara a los diputados de la ciudad diciéndoles:

—Habéis de saber que las reinas de España no tienen piernas.

Mariana entendió la frase al pie de la letra y empezó a llorar diciendo que si hubiese sabido que iban a cortarle las piernas, se hubiese quedado en Viena.

¿Quién mató al conde?

La muerte de don Juan de Tassis, conde de Villamediana, gran poeta y magnífico señor de la corte de Felipe IV, el día 21 de agosto de 1622, hizo que circulara por Madrid una décima, atribuida a Góngora, que decía:

Mentidero de Madrid,
decidme: ¿Quién mató al conde?
No se encuentra ni se esconde,
sin discurso, discurrid.
Dicen que lo mató el Cid
por ser el conde lozano.
Disparate chabacano,
lo cierto del caso ha sido
que el matador fue Vellido
y el impulso, soberano.

Para fundamentar la acusación de que el rey era el inductor del crimen se dijo que Villamediana había sido visto por un paje del valido conde-duque de Olivares en los jardines de Aranjuez en íntimo coloquio con la reina Isabel de Borbón. Consta que poco tiempo antes de la muerte del asesinado, el conde había tomado parte en un torneo en los jardines del palacio del Buen Retiro y había sacado una divisa que decía: «Son mis amores...» con varios reales de plata cosidos a continuación. Y se dijo que, cuando le comunicaron al rey que Villamediana presumía de tener «amores reales», don Felipe exclamó: «¡Pues yo se los haré cuartos!» Pero la mejor anécdota de esta incierta historia es la que se contó a propósito de una supuesta broma que Felipe IV gastó a la reina. Estando ella de espaldas, el rey le tapó los ojos con las manos. Isabel dijo:

—Estáos quieto, conde...

Felipe la miró con sorpresa y enojo. Y entonces la reina, dando muestras de un gran aplomo, rectificó:

—... conde de Barcelona...

El antojo de la reina

Carlos II el Hechizado se casó con María Luisa de Orleans, sobrina de Luis XIV. La etiqueta cortesana española era muy rígida y, en tiempos del Hechizado se encargaba de aplicarla la duquesa de Terranova. Según algunos de los que la conocieron, esta mujer era «la carcelera oficial de las reinas». María Luisa había traído de París dos loros que solamente hablaban y entendían el francés. La de Terranova no conocía este idioma y pensó que aquellos pájaros la insultaban, de modo que los hizo envenenar. La reina supo quién había sido la causante de la muerte de sus loros y, saltándose la etiqueta, le dio a la duquesa dos bofetadas. La de Terranova se fue a quejar al rey. A María Luisa se le ocurrió decir, sabiendo que su marido no tenía otra preocupación que la de engendrar a un heredero del trono:

—Señor, fue un antojo.

Carlos II se puso contentísimo y, dejando de reñirla, empezó a felicitarla con entusiasmo. La cosa no pasó de ahí porque ya se sabe que Carlos II no tuvo descendencia y, al morir, subió al trono un Borbón, Felipe V, nieto del Rey Sol.

Bis

Cuando el duque de Anjou, nieto de Luis XIV, se trasladó de París a Madrid para convertirse en el sucesor de Carlos II con el nombre de Felipe V, en muchos de los pueblos por los que tenía que pasar se hicieron fiestas para recibirle. En uno de ellos le cantaron canciones alusivas a su designación como rey de España diciéndole que eso era mejor que pronunciar un pesado discurso. Cuando el intérprete acabó de cantar, el nuevo rey le dio diez luises y exclamó: «¡Bis!» pidiéndole así que repitiera la copla. El otro la cantó de nuevo y al terminar le dijo al rey: «¡Bis, majestad!», lo que le valió otros diez luises.

Yo también soy francés

Se quejaba Isabel de Farnesio a su marido Felipe V de España de que en la corte hubiese demasiados franceses y le pedía que los desterrara a todos. El rey mandó que hicieran su equipaje y se preparara una silla de postas. La reina le preguntó adónde iba y don Felipe dijo:

—A Francia, señora, porque yo también soy francés.

A rey muerto rey puesto

Parece que este dicho procede de la guerra de Sucesión española. La frase, según dicen, la pronunció Felipe V cuando sus tropas sitiaban Barcelona, que estaba en poder del archiduque Carlos de Austria. Las fuerzas borbónicas trataban de tomar el castillo de Montjuich bajo el fuego de la fusilería de los sitiados. El rey quiso subir con los soldados pero los generales se lo impidieron diciendo:

—Rey no hay más que uno.

Felipe V replicó:

—Otro habrá. A rey muerto, rey puesto.

Don José Patiño

Don José Patiño, que fue ministro con Felipe V y con Fernando VI, ganó fama de buen gobernante y fue llamado «el Colbert español». Estando en su lecho de muerte, el rey le visitó y le confirió la grandeza de España. Aludiendo al privilegio de los grandes de permanecer cubiertos delante del monarca, comentó Patiño:

—Su Majestad me envía el sombrero cuando ya no tengo cabeza.

La limpieza de Madrid

El rey Carlos III dictó varias normas para acabar con la suciedad —algún ingenioso la llamó «la señora mierda»—, que en aquella época se enseñoreaba de la capital de España. Por esta razón se produjeron algunos motines. El rey comentó:

—Los madrileños son como los niños. Lloran cuando les lavan la cara.

La tozudez de Aranda

Carlos III de España discutía en una ocasión con su ministro el conde de Aranda y, al ver que no podía hacerle cambiar de opinión, le dijo el rey:

—Aranda, eres más terco que una mula manchega.

El conde replicó:

—Perdóneme, señor, pero yo conozco algún otro más terco que yo.

—¿Quién? —preguntó el monarca.

El conde de Aranda dijo solemnemente:

—La augusta y sacra majestad del rey de España y de sus Indias.

El sombrero del rey

Un caballero poco acostumbrado al trato de la corte fue recibido por el rey Carlos III de España. En el momento de acercarse al monarca, el hombre se puso nervioso y se le olvidó quitarse el sombrero. Carlos III le acogió con amabilidad y el visitante, viendo que no llevaba su sombrero en la mano como era de rigor en la audiencia real, cogió el primer sombrero que vio, sin reparar en que llevaba el suyo puesto. Su confusión fue todavía mayor cuando oyó que el rey le decía:

—No, no, por lo menos, dejadme mi sombrero.

Insulto a Su Majestad

Da idea del concepto en que se tenía al trabajo en la España del Antiguo Régimen, la anécdota que cuenta Chamfort de la corte de Carlos III. Un francés que llegó a Madrid obtuvo permiso para visitar el gabinete del rey. «Así que es aquí donde este gran monarca trabaja», exclamó al ver la mesa y el sillón. El dignatario que le acompañaba le preguntó entonces: «No habréis venido aquí a insultar a su majestad, ¿verdad?» Y comenta Chamfort que al francés le costó mucho trabajo hacer comprender a su acompañante que su intención no había sido ofender al rey de España.

El himno de España

En sus *Memorias de un desmemoriado* cuenta don Benito Pérez Galdós cómo llegó a España la Marcha Real, que se convirtió en el Himno Nacional. El embajador de Carlos III, marqués de Sotomayor, se entrevistó en Berlín con el rey de Prusia Federico el Grande y en un momento de la entrevista le dijo:

—Sire, mi augusto soberano desea que vuestra majestad se digne informarle de la táctica que ha usado en sus gloriosas campañas militares para que sirva de norma a nuestros ejércitos.

Oyendo esto, el gran Federico quedó suspenso y entre riente y burlón contestó:

—Pero, señor embajador, ¡si mi táctica es la española! La aprendí en la magna obra del marqués de Santa Cruz de Marcenado que usted, como general, conocerá sin duda.

Quedó el marqués de Sotomayor tan corrido y turbado que apenas pudo articular estas palabras:

—Sí, majestad, la conozco. Pero...

Queriendo el gran Federico cortar esta situación enojosa cogió de la mesa próxima un papel de música y, dándolo al embajador, le dijo:

—Ésta es una marcha compuesta por un gran músico alemán. Yo la considero obra maestra por su brevedad, solemne y grandiosa. Llévela usted de mi parte a su majestad católica para que la adopte como himno en los actos palatinos.

El rey y el cochero

El coche del rey Federico de Prusia volcó por una imprudencia del cochero. El soberano se enfureció y el cochero le dijo: «Conforme, ha sido una desgracia. Pero vos, majestad, ¿nunca perdisteis una batalla?»

Federico el Grande y su médico

El rey de Prusia, Federico el Grande, preguntó un día a su médico, el suizo doctor Zimmermann:

—Dígame francamente, doctor, ¿cuántas muertes tiene en su conciencia?

El médico contestó:

—Unas trescientas mil menos que su majestad.

Dos locos

Federico II de Prusia quería que los soldados que se alistaban para su guardia fuesen siempre los más altos, fornidos y arrogantes que pudieran encontrarse. Un día, el comandante de ese cuerpo supo que en uno de los regimientos había un mozo francés que reunía esas condiciones. El problema era que no sabía alemán y que el rey tenía la costumbre de interrogar a los soldados nuevos que veía en su guardia. Pero como Federico hacía a los soldados siempre las mismas preguntas, instruyeron al francés para que respondiera adecuadamente. Las preguntas eran, invariablemente: «¿Qué edad tienes?», «¿Cuánto tiempo llevas en el ejército?» y «¿Están completos tu armamento y tu equipo?».

Lo malo fue, para desesperación del comandante que había instruido al francés, que el rey cambió el orden de las preguntas y dijo:

—¿Cuánto tiempo llevas en el ejército?

—Veintiún años —respondió el soldado.

—¿Cómo veintiún años? ¿Qué edad tienes?

—Un año, majestad.

Y entonces, Federico II exclamó:

—O tú o yo hemos perdido el juicio.

A lo que respondió el francés:

—Ambos, majestad.

La virreina

En la parte alta de la Rambla de los Estudios barcelonesa hay un edificio llamado palacio de la Virreina. Lo mandó construir don Manuel de Amat que había sido virrey del Perú a mediados del siglo XVIII. De regreso en Barcelona, cuando era ya hombre entrado en años, don Manuel quiso casar a un sobrino suyo con una bella dama de la nobleza catalana. Se dispuso lo necesario para la boda pero, en el momento preciso, el sobrino no compareció. Ante el desaire, Amat le dijo a la novia:

—Señora, si yo no fuese tan viejo os pediría la mano en sustitución de mi informal sobrino.

La señora, que vivía encerrada en un convento, vio el cielo abierto y accedió a casarse con él. En 1776 se terminó el palacio que les sirvió de residencia. Cuando Amat murió lo heredó su viuda, que siguió llevando el título de virreina. Hoy el palacio, que es monumento nacional, se utiliza como museo.

El casco del shogun

El fundador de la dinastía Tokugawa del Japón, Iyeyasu, dio a sus leales un ejemplo de talento político. Fue durante la batalla de Sekigajara en la que Tokugawa se alzó contra el gobierno del hijo de Hideyoshi Toyotomi para instaurar su propio shogunato. Iyeyasu se lanzó al combate con la cabeza descubierta, desdeñando la protección del casco. Cuando la batalla terminó, el shogun vencedor llamó a su escudero y le pidió que le diera el casco. Se lo puso y dijo:

—Después de la victoria es cuando conviene resguardarse.

El tedéum del perdedor

El emperador Carlos VI de Alemania fue un perdedor que siempre trató de hacer pasar por victorias sus derrotas. Siendo archiduque de Austria perdió el trono de España frente a Felipe V en la guerra de Sucesión. En Italia fue vencido en todas las batallas que libró contra los franceses y los españoles, que le quitaron Sicilia, Nápoles, Milán y casi toda la Lombardía. Y en su lucha contra los turcos se dejó arrebatar Serbia, Bosnia y Valaquia. Pero Carlos encontró una solución a tanto desastre. Creó un cuerpo de correos imperiales que tenían la misión de ir tocando cornetas y gritando «¡Victoria!» por todo el territorio de Austria. En una ocasión, mientras algunos de estos correos llenaban Viena de alegres gritos y músicas, el general jefe de los ejércitos le dijo al emperador:

—Majestad, hemos perdido la batalla. La caballería ha quedado deshecha, la infantería se desbandó al primer ataque y la artillería cayó en poder del enemigo.

Carlos, sin inmutarse, abrió la puerta del salón del trono donde estaba la corte reunida y le dijo al gran chambelán en voz alta:

—Ordenad que se cante un tedéum en la catedral en acción de gracias.

La muerte de Carlos VI

Cuando este mismo emperador, Carlos VI de Alemania, hallándose en su lecho de muerte, vio entrar al sacerdote con el viático, señaló débilmente con la mano los dos velones que habían puesto en su cabecera y dijo en voz audible por todos los presentes:

—Como jefe supremo del Sacro Imperio Romano Germánico, tengo derecho a cuatro velones en el momento de recibir la extremaunción.

Una reina que fue rey

María Teresa de Austria, hija de Carlos VI, fue emperatriz de los austríacos y, por su esposo Francisco de Lorena, de los alemanes. Era además reina de Bohemia. Y tenía otro título, pues se sentaba también en el trono de Hungría. Como en aquel país no se admitía que reinasen las mujeres, cuando la soberana llegó a Budapest para tomar posesión de la herencia paterna, los nobles y el pueblo húngaros la aclamaron con esta histórica frase:

—¡Viva nuestro rey, María Teresa!

Sólo por tres coronas

La reina Carolina, esposa de Jorge II de Inglaterra, quiso convertir el parque de Saint James de Londres en jardín privado de su palacio. Para ello era necesario construir un muro que rodease el parque. Consultó entonces con el primer ministro, Robert Walpole, sobre cuánto podía costar esa obra. Walpole, que conocía muy bien a sus conciudadanos y sabía lo mal que se iban a tomar que la reina les privara de aquel parque público, quiso disuadir a la reina y dio una ingeniosa respuesta a su pregunta:

—Esto, majestad, os costará tan sólo tres coronas.

—¿Solamente tres coronas? —preguntó la reina, asombrada.

—Sí, majestad, las coronas de Inglaterra, Escocia e Irlanda.

La importancia del Támesis

El rey Jorge III pidió en 1762 un préstamo a los comerciantes de Londres para fortalecer el erario público. Los gremios de la City le dieron largas y acabaron negándole el préstamo. Entonces, el rey Jorge se enfureció y mandó llamar al lord mayor de Londres. Una vez en su presencia, le amenazó con trasladar la capital a Oxford si la ciudad no le daba el préstamo pedido. El lord mayor le dijo entonces:

—Lleve su majestad la capital a donde mejor le plazca... ¡Con tal de que nos deje el Támesis...!

Los cisnes del rey Jorge

El rey Jorge III de Inglaterra tenía que leer el discurso de la Corona en la apertura del Parlamento. Guillermo Pitt, primer ministro, le llevó el discurso y el rey, después de leerlo detenidamente, le dijo que no le satisfacía. Pitt le preguntó por qué y el soberano le dijo que en el discurso no se hacía mención de los cisnes de su estanque. El primer ministro creyó que bromeaba pero Jorge estaba tan serio como siempre e insistía en que se negaba a leer el discurso de la Corona porque en él no se mencionaba a los cisnes. Entonces Pitt comenzó una de las frases con la siguiente comparación:

—Igual que los cisnes de mi estanque bogan tranquilos...

El rey se mostró muy complacido y leyó su discurso. Pocos días después el país recibía la noticia de que el príncipe de Gales era nombrado regente de Inglaterra porque el rey Jorge había sufrido un ataque de locura.

Carlos XII de Suecia

Los ejércitos de Prusia y de Dinamarca tenían sitiado a Carlos XII de Suecia en la ciudad de Stralsund. Una bala de cañón cayó sobre el techo de la habitación donde en aquel momento el rey Carlos dictaba una carta a su secretario. Al oír la explosión tan cerca, este último se puso en pie y el monarca le preguntó qué le pasaba:

—Señor, esa bomba...

El rey replicó:

—Ah, sí, la bomba. Pero ¿qué tiene que ver la bomba con lo que estamos escribiendo?

Pedro el Grande

Cuando el zar Pedro el Grande se encontraba de viaje en Inglaterra quiso saber en qué consistía un determinado castigo que se imponía a los marineros. No habiéndose hallado a ningún culpable que mereciera ser castigado, el zar dijo: «Que se utilice a uno de mis hombres.» «Majestad —le contestaron—, vuestros hombres se encuentran en Inglaterra y están bajo la protección de sus leyes.»

Súbditos obedientes

Pedro el Grande de Rusia visitó al rey Federico IV de Dinamarca para proponerle una alianza destinada a atacar el reino de Suecia. En Copenhague, Pedro visitó la Torre Redonda acompañado de su anfitrión y, cuando estaban en la terraza desde la que se contempla el espléndido panorama de la isla de Seeland, el ruso preguntó al danés:

—¿Queréis ver cómo me obedecen mis súbditos?

Sin esperar respuesta mandó a un cosaco que se arrojara desde aquella gran altura. El cosaco obedeció.

Federico no hizo comentarios pero cuando Pedro le preguntó si él tenía súbditos que hiciesen otro tanto, el danés contestó:

—Felizmente, no.

Favoritos

La zarina de Rusia, Catalina la Grande, sustituyó en un momento de su reinado a su favorito Orlov por el príncipe de Potemkin. Ambos personajes se encontraron en las escaleras de palacio y se produjo entre ellos un embarazoso silencio. Al fin, Potemkin preguntó:

—¿Qué novedades hay por aquí?

—Ninguna —contestó Orlov—, salvo que vos subís y yo bajo.

Las aldeas de Potemkin

El príncipe de Potemkin, Grigori Alexandrovich Potemkin, pasó de ser soldado de caballería a mariscal y primer ministro. Sus adversarios decían que los ascensos de su carrera se debían a ser amante de la emperatriz Catalina la Grande. Convenció a la soberana para que declarara la guerra a Turquía con el objeto de liberar a Crimea. Una vez que la península fue anexionada a Rusia, Potemkin le dijo a la zarina que desde que Crimea se había convertido en rusa, la miseria y la barbarie que antes reinaba en aquel país habían sido sustituidas por el bienestar y la civilización. Catalina II se lo creyó y decidió emprender un viaje por sus nuevos dominios.

Potemkin organizó la triunfal expedición y debió de ser el primer gobernante de la historia que mandó construir decorados de madera y lienzo para ocultar la miseria de las aldeas que quedaban detrás de los bastidores. En cuanto a los campesinos, mandó disfrazar a unos cuantos que, apenas saludaban a la soberana en una de las aldeas de atrezzo, se iban corriendo por atajos para recibir a la zarina en la aldea siguiente. Desde entonces se han alzado por todas partes, en diversas formas, las «aldeas de Potemkin».

La represalia del papa

En el siglo XVIII, Inglaterra y Holanda tenían prácticamente el monopolio del comercio del bacalao y del pescado en salazón. El papa Clemente XIV pensó en un momento dado establecer unos impuestos sobre la entrada de bacalao seco en los puertos de los dominios pontificios. Uno de sus consejeros le advirtió del peligro de que los ingleses y los holandeses no viesen con agrado dicha medida. El papa dijo con gracia:

—Pues que se anden con cuidado porque si me enfado suprimo la cuaresma.

La bula para Montesquieu

Estando el barón de Montesquieu en Roma cuando acababa de publicar su obra *El Espíritu de las Leyes,* visitó al papa Benedicto XIV. Tan encantado quedó el pontífice de la conversación con el ilustre escritor que quiso obsequiarle con una dispensa de no observar el ayuno y abstinencia de la cuaresma, para él y toda su familia. Un funcionario acompañó a Montesquieu a la oficina donde debían extenderle la bula correspondiente y al decirle al barón la cantidad que había de abonar en concepto de derechos, Montesquieu dijo:

—No es necesario el documento. La palabra de Su Santidad es suficiente y a Dios Nuestro Señor también le bastará.

Voltaire

Viendo que la religión perdía fuerza en la Francia de su tiempo, decía Voltaire: «Esto es lamentable. ¿De qué nos vamos a burlar?» Una persona que estaba con él trató de consolarle diciéndole que no faltarían motivos para hacerlo. Pero Voltaire le replicó compungidamente: «Querido señor, fuera de la Iglesia no hay salvación.»

Castillos y posadas

Un cortesano visitó a Voltaire en su residencia de Ferney, y debió de encontrarse tan a gusto que al cabo de varias semanas continuaba disfrutando de la hospitalidad del filósofo. Éste comentaba así el comportamiento de su invitado:

—La diferencia entre este caballero y don Quijote es que don Quijote tomaba las posadas por castillos, y éste toma los castillos por posadas.

El origen de la guerra

He aquí cómo explica Voltaire la forma en que, en su tiempo, se organizaban las guerras:

«Un genealogista prueba a un príncipe que desciende en línea directa de un conde cuyos padres celebraron un pacto de familia hace tres o cuatrocientos años con una noble casa de la que ni siquiera existe el recuerdo. Esta casa tenía vagas pretensiones sobre una provincia cuyo último poseedor murió de apoplejía. Esta provincia protesta inútilmente contra los supuestos derechos del príncipe; dice que no desea que la gobiernen y expone que para dictar leyes a vasallos, éstos tienen que consentirlo; pero el príncipe no hace caso de estas protestas porque cree su derecho incontestable. Reúne a multitud de hombres, los viste de grueso paño azul, les manda marchar a derecha e izquierda y se dirige con ellos a la gloria. Otros príncipes oyen hablar de ese gran número de hombres puestos en armas y toman también parte en la empresa, cada uno según su poder, y llenan una extensión del territorio de asesinos mercenarios...»

De todas partes, añade Voltaire en este texto que puede aplicarse a las guerras de todos los tiempos, «acuden multitudes que se encarnizan unas contra otras, no sólo sin tener interés alguno en la guerra sino sin saber por qué se promueve». Y termina diciendo:

«Lo maravilloso de esta empresa infernal es que cada jefe de los asesinos hace bendecir sus banderas e invoca a Dios solemnemente antes de ir a exterminar a su prójimo. Cuando un jefe sólo tiene la fortuna de poder degollar a dos o tres mil hombres, no da las gracias a Dios; pero cuando consigue exterminar a diez mil y destruir alguna ciudad, entonces manda cantar el tedéum...»

Voltaire y el regente

Por una sátira escrita contra Felipe de Orleans, cuando era regente de Francia durante la minoría de edad de Luis XV, Voltaire fue encarcelado en la Bastilla. Allí escribió *El Edipo*, que tuvo un clamoroso éxito. El regente, a quien él había dedicado la obra, le perdonó. Cuando Voltaire fue a verle para darle las gracias, Orleans le dijo:

—Sed prudente y yo me ocuparé de vos.

Voltaire replicó:

—Os quedo infinitamente agradecido, señor, pero suplico a Vuestra Alteza que no se ocupe de mi alojamiento.

El milagro de san Dionisio

Una amiga de Voltaire, la marquesa de Defand, hablaba un día con el cardenal arzobispo de París, Polignac y éste empezó a contarle el milagro de san Dionisio. Saint Denis, como le llaman los franceses, fue decapitado en Montmartre y recogió su cabeza del suelo poniéndose a andar hasta el sitio donde hoy se levanta su iglesia, que es al mismo tiempo mausoleo de los reyes de Francia. Mientras el cardenal hablaba, la marquesa escuchaba con mucha atención. El prelado insistió en la facilidad con que el santo mártir había hecho con la cabeza bajo el brazo aquel recorrido, y la volteriana dama replicó:

—Lo creo, eminencia; en casos como éste, lo que cuesta es dar el primer paso.

Inquilinos

Diderot, en su viaje a Rusia, fue recibido por la emperatriz Catalina y contó a la soberana las escenas de pobreza que había visto en su viaje entre los campesinos esclavos que en Rusia llaman *mujiks*. La emperatriz le escuchó y cuando Diderot terminó de hablar dijo: «¿Cómo pretendéis que cuiden de su casa si no son más que inquilinos?» «El esclavo ruso —comenta Chamfort al contar la anécdota— no es en absoluto dueño de su persona.»

Danton come perdiz

Danton, uno de los hombres que jugó un papel importante en los acontecimientos de la Revolución francesa, era un hombre que había sido educado en el Antiguo Régimen. Le gustaba vivir bien, vestir casacas de seda y camisas de batista y, sobre todo, era un gourmet en la mesa. Un día, proclamada ya la República, unos revolucionarios, colegas suyos, le sorprendieron sentado en el restaurante Palais Royal que, signo de los tiempos, había pasado a llamarse Palais Égalité, disponiéndose a comer una perdiz trufada. Se escandalizaron al verle y le preguntaron cómo era posible que un republicano comiese manjares tan exquisitos, propios de los aristócratas. Danton les respondió:

—Ciudadanos, esta perdiz estaba preparada cuando yo he llegado. Y me he dicho: Hay que evitar a toda costa que se la coma un duque.

Despotismo

Según Chamfort, una persona a quien él llama por la primera letra de su apellido, M..., decía: «Odio tanto el despotismo que no puedo soportar ni siquiera la palabra *receta* del médico.» Eran las vísperas de la Revolución.

La nobleza

«El título más respetable de la nobleza francesa —escribe Chamfort—, estriba en descender por línea directa de alguno de los treinta mil hombres con casco, coraza, brazal y grebas, que, sobre gigantescos caballos cubiertos de hierro, pateaban a ocho o nueve millones de hombres desnudos que constituyen los antepasados de la actual nación...»

Y en otra de sus máximas:

«La nobleza, aseguran los nobles, es un intermediario entre el rey y el pueblo... En efecto, como el perro de caza es un intermediario entre el cazador y las liebres.»

El terremoto de Lisboa

El rey y la reina de Portugal se encontraban en Belem asistiendo a una corrida de toros el día en que se produjo el gran terremoto de Lisboa de 1755. No padecieron, pues, los terribles efectos del seísmo y ni siquiera llegaron a enterarse de la devastación que produjo. Les contaron que se habían destruido algunas casas pero, como no volvieron a Lisboa, nunca supieron el alcance de lo que había ocurrido. Comenta Chamfort, que cuenta esta historia: «Puede decirse que el rey de Portugal fue el único hombre de Europa que no llegó a hacerse una idea verdadera del desastre sucedido a una legua de donde estaba.»

Francia, Ancien Régime

De la Francia del Antiguo Régimen pudo decirse la siguiente ingeniosa frase: «Es una monarquía absoluta atemperada por las canciones.»

La reina de los mares

Un ministro inglés de viaje por Italia atravesó una laguna próxima a la costa. Metió el dedo en el agua y al probarla exclamó: «El agua es salada, luego esto es nuestro.»

Portugueses y españoles

Decía un embajador inglés en Portugal, lord Tirauley, que cuando se suprime de un español todo lo que tiene de bueno, lo que queda es un portugués.

Quizá habría dicho lo contrario un embajador inglés en Madrid.

Invención de la chistera

El inventor del sombrero de copa fue un comerciante londinense llamado John Hetherington. Salió a la calle con el sombrero puesto el 15 de enero de 1797. La policía le detuvo y le condujo ante el lord mayor de Londres como perturbador del orden público. Tuvo que pagar una multa de quinientas libras. Ni el inventor ni el alcalde que le multó, ni la gente que participó en la algarada podían sospechar que, menos de un siglo más tarde, los más relevantes personajes llevarían sombrero de copa en los actos de mayor etiqueta.

Sermones interminables

El rey de Prusia, Federico Guillermo I, dirigió a los obispos en diciembre de 1744 un rescripto que decía entre otras cosas:

—«Hemos observado por nosotros mismos que los sermones se prolongan fuera de la medida y que los predicadores los hacen durar a fuerza de hablar mucho y largo. Deseando poner un límite a tan fatigosas prédicas que más sirven para debilitar que para alimentar la devoción, mandamos que hagáis entender a todos los predicadores que en adelante reduzcan los sermones en forma que no pasen nunca de una hora.»

Un amigo de Poncio Pilatos

El conde de Cagliostro fue un extraño personaje, medio impostor medio mitómano, que hizo furor en el París prerrevolucionario de fines del siglo XVIII. Decía de sí mismo que estaba en posesión del elixir de la vida y de la piedra filosofal. Aunque aparentaba unos cuarenta años hacía creer a sus interlocutores que había nacido antes del comienzo de la era cristiana. Aseguraba, por ejemplo, que había sido amigo de Poncio Pilatos. Mucha gente se lo creyó pero el cardenal de Rohan lo puso en duda. Un día, estando en una recepción en casa de Cagliostro, el cardenal hizo un aparte con el criado del conde y le preguntó:

—Decidme, ¿es verdad que vuestro amo conoció a Pilatos?

El criado le contestó:

—Yo no puedo saberlo, monseñor. Sólo estoy al servicio del señor conde desde hace cuatrocientos años.

El impuesto del aire

Jonathan Swift, el autor de los *Viajes de Gulliver*, llevó a cabo una violenta campaña de protesta contra Inglaterra y a favor de Irlanda, su país. Se quejaba sobre todo de los impuestos que los ingleses imponían a los irlandeses. Un día, la esposa del virrey inglés en Irlanda le alababa el clima del país:

—Aquí, el aire es una delicia.

Swift replicó:

—Callad, señora, por favor. No digáis esto en Inglaterra porque gravarán el aire con un impuesto.

La reina y el duque

María Luisa de Parma, esposa de Carlos IV de España, tenía un carácter dominador. Apenas celebrado el matrimonio real, exigió que le tributasen los honores debidos a su nuevo rango y esto la indispuso con su hermano Fernando.

—Yo te enseñaré a respetarme porque soy reina de España y tú tendrás que contentarte con ser duque de Parma.

Respondió Fernando, dándole a su hermana una bofetada:

—Pues seré el único duque que haya pegado a una reina.

Godo soy

El rey Carlos IV justificaba el meteórico ascenso de Manuel Godoy diciendo que su valido era descendiente de los godos, es decir, pariente suyo. Creía que ese apellido venía de «Godo soy». El futuro Príncipe de la Paz había comenzado como simple guardia de corps y, gracias al favor del rey y de la reina María Luisa, era a los veinticinco años duque de Alcudia, capitán general, almirante de Castilla y estaba en posesión de la Orden del Toisón de Oro y de la Gran Cruz de Carlos III. Era además grande de España y poseía una inmensa fortuna. Faltaba muy poco para que fuera nombrado Príncipe de la Paz.

Las audiencias de Godoy

Manuel Godoy era amante de la reina María Luisa y, al decir de un embajador francés «...nunca ha disimulado ante ella sus amores pasajeros. Quiere que ella los conozca y se complace en torturar su orgullo con sus numerosas infidelidades». Explica después que a las audiencias de Godoy apenas acudían hombres y dice que: «...Por la noche se admitía exclusivamente a mujeres en el Ministerio. Los salones, antesalas y pasillos estaban llenos de mujeres; había doscientas, trescientas que convergían de todas partes del reino. No crea que exagero. Una tras otra entraban. Cuando llegaba una muchacha con su madre, ésta nunca era admitida a presencia del ministro. Las suplicantes salían de allí ardorosas y manoseadas y ordenando sus vestidos ante las miradas de todo el mundo... Eran recibidas en un *boudoir* cuyas puertas, siempre abiertas, permitían ver durante la audiencia un gran sofá. El Príncipe de la Paz contaba lleno de alegría lo que acababa de suceder...»

El primo de Luis XVI

Cuando el rey español Carlos IV se enteró de que Luis XVI de Francia había jurado la Constitución exclamó:

—¡Mi primo ha olvidado por completo que es rey!

Madame l'Etiquette

Madame de Noailles era la encargada del protocolo en el séquito de María Antonieta. La reina estaba cansada del celo que madame l'Etiquette, como ella la llamaba, ponía en el mantenimiento de los usos y costumbres palaciegos. Un día, durante una gira campestre, la esposa de Luis XVI cayó del burro en que iba montada. Corrieron solícitos varios de sus acompañantes pero su majestad, que no se había hecho daño alguno, se negaba a levantarse, gritando con fingida inquietud:

—¡Pronto! ¡Buscad a madame de Noailles para que nos diga lo que manda la etiqueta cuando se cae del burro la reina de Francia!

El pan y el bizcocho

J. J. Rousseau, en el libro de sus *Confesiones* cuenta una anécdota de una gran princesa cuyo nombre no menciona. Un día dijeron a esta dama que la gente del pueblo no tenía pan y ella contestó:

—Que coman bizcochos.

La anécdota se atribuyó en tiempos de la Revolución a la reina María Antonieta. Pero la atribución es imposible porque el texto de Rousseau es de 1769 y la reina no llegó a Francia hasta 1770.

La muerte de Luis XVI

El 21 de enero de 1793 fue ajusticiado en la plaza de la Revolución, hoy de la Concordia, en París, el rey de Francia Luis XVI. Su confesor, el abate Firment le acompañó al cadalso y le despidió diciéndole:

—Hijo de san Luis, subid al cielo.

El rey dijo, dirigiéndose a los franceses:

—Muero inocente y perdono a mis enemigos. Deseo que mi sangre no caiga sobre Francia.

Un atronador redoble de tambores impidió oír sus últimas palabras. Brilló el relámpago de la cuchilla y la cabeza del rey quedó separada del tronco. La multitud se agolpó ante la plataforma para empapar pañuelos en la sangre del monarca que rezumaba entre las tablas de la plataforma.

María Antonieta fue guillotinada el 16 de octubre del mismo año. Se ha hecho famosa la frase que le dijo a la reina el oficial de la guardia:

—Señora, ahora es preciso morir.

El fuego, delante

George Washington asistía como invitado de honor a una cena en casa de unos amigos. Tenía a su espalda una chimenea encendida y se quejó de que el fuego era demasiado fuerte. Uno de los invitados le dijo en broma:

—Parece que un general tiene que estar acostumbrado a resistir el fuego.

Washington contestó:

—Sí, pero no en la espalda.

Lincoln

En sus tiempos de abogado, Abraham Lincoln tuvo dos pleitos el mismo día y en el mismo juzgado. Y eran además por asuntos jurídicamente parecidos entre sí. Pero, el que había de llegar a ser presidente de los Estados Unidos defendía en el primer pleito al demandante y en el segundo al demandado. Con el discurso de la mañana el tribunal le dio la razón. Cuando, en la vista de la tarde, Lincoln empezó su discurso sosteniendo el criterio contrario al anterior, el juez le preguntó sonriendo cuál era la causa de su cambio de actitud.

—Disculpe, señoría —replicó Lincoln—. Esta mañana he podido sufrir algún error pero esta tarde sé que tengo razón.

Un sello de correos

En los días de la guerra civil entre el Norte y el Sur, Abraham Lincoln fue detenido por un centinela a causa de que no sabía el santo y seña que había que dar para entrar por la puerta. «¿No sabe quién soy yo?», preguntó Lincoln y añadió: «Soy el presidente de los Estados Unidos.» Y el soldado replicó:

—Pase usted, pero la verdad es que parece un sello de correos usado.

Whisky para todos

Ulises Grant era el mejor general que tenían los federales en la guerra de Secesión americana. Mientras él ganaba todas las batallas, los demás las perdían. Esto despertó las envidias de sus conmilitones, que empezaron a acusarle de ser un bebedor y hasta un borracho. Uno de ellos fue a ver a Lincoln para contárselo. El presidente se mostró interesado por la información. Preguntó al acusador con qué licor se emborrachaba Grant.

—Con whisky —dijo el envidioso.

Lincoln le pidió que dijera la marca de whisky que bebía el general y cuando lo supo dijo:

—Pues, que envíen una caja de ese whisky a todos los generales, a ver si ganan batallas como el general Grant.

El general Grant

Durante la guerra de Secesión americana, varios jefes militares se reunían algunas noches en casa del general Grant. Entre ellos había uno que gustaba de contar chistes verdes. En una ocasión, dijo éste: «Ahora que no hay señoras aquí, voy a referirles un caso...» El general Grant le interrumpió: «Tenga cuidado. No hay señoras pero hay caballeros.»

El indulto de Lincoln

En la guerra de Secesión americana se dictaba pena de muerte para los desertores del ejército. El presidente Abraham Lincoln se resistía a firmar las sentencias que imponían los generales. Llegó a indultar a ochocientos desertores. Uno de ellos era un muchacho que había sido sentenciado por haber huido del campo de batalla y haber escapado a su pueblo para casarse con su novia. Lincoln, al conocer esta historia, firmó inmediatamente el indulto. Y dijo con sentido del humor:

—Ojalá que este pobre chico, con el tiempo, no tenga motivos para lamentar que yo le haya indultado.

Los límites del engaño

Abraham Lincoln definió en certera frase los límites del engaño, lo mismo en la vida corriente que en la política:

—*You can fool some time all the people; you can fool some people all the time. But you cannot fool all the time all the people.* (Puedes engañar por algún tiempo a todo el mundo; puedes engañar durante todo el tiempo a algunas personas. Pero no puedes engañar a todo el mundo durante todo el tiempo.)

La fealdad de Lincoln

En un debate parlamentario, el senador Stephen Douglas calificó a su adversario, el presidente Abraham Lincoln, de «tener dos caras». Aludía a la hipocresía pero Lincoln respondió, reconociendo su ya proverbial fealdad:

—Pero, ¿cree usted, señoría, que si tuviese dos caras traería ésta?

Un cuadro para Wellington

Lord Wellington se sintió obligado a comprar un cuadro de un pintor mediocre en el que se representaba la batalla de Waterloo. Cuando el pintor se lo llevó a su casa, Wellington empezó a contar el dinero para pagarle. El artista le dijo:

—Me puede dar un cheque, milord.

Wellington repuso:

—¿Cree usted que voy a dejar que se enteren en el banco del mal gusto artístico que tengo y de lo idiota que he sido?

Goya y Wellington

Cuando el general Wellington entró en Madrid, después de haber vencido en varias ocasiones a las tropas napoleónicas, fue recibido con toda clase de honores. Uno de los obsequios que se le hicieron fue hacerle retratar por Goya. El pintor no quería, pues tenía ya sesenta y seis años y estaba de muy mal humor. Sin embargo, consintió al fin en retratar al general. Cuando Goya terminó el cuadro, Wellington lo examinó y le pidió al pintor a través de su intérprete, el general Cuesta, que hiciera unas correcciones. Don Francisco se irritó sobremanera y empezó a insultar al general. Wellington no sabía castellano pero cuando vio al pintor enfurecido echó mano a la espada. Goya por su parte sacó una pistola y quizá habría dado muerte al general inglés de no ser porque el general Cuesta y el hijo del pintor se echaron sobre él arrebatándole el arma.

El gran hombre

Un día que, siendo ya anciano, el duque de Wellington salió a dar un paseo por Londres, un caballero que también paseaba le notó inseguro y le ayudó a cruzar la calle. Al llegar al otro lado, Wellington le dio las gracias y el otro le dijo:

—Milord, he visto muchas cosas en mi vida y he vivido grandes emociones pero nunca creí que pudiera prestar ayuda, aunque insignificante, al más grande hombre que jamás ha vivido.

El vencedor de Waterloo le miró y le dijo secamente:

—¡No diga usted tonterías!

La varita del gaucho

Juan Facundo Quiroga fue un general argentino nacido a fines del siglo XVIII que murió asesinado en 1835, después de haberse proclamado gobernador de la provincia de Buenos Aires. Procedía de una humilde familia de gauchos y le llamaban «el tigre de los Llanos» por la ferocidad y la crueldad que mostró durante su carrera. En una ocasión, en el contingente que él mandaba se produjo un hurto y Quiroga recurrió a una estratagema para descubrir al culpable. Hizo cortar tantas varitas del mismo tamaño como soldados formaban la tropa y las distribuyó entre ellos diciéndoles:

—Aquel cuya varita sea mañana cuatro dedos más larga que la de los demás, ése es el ladrón.

Al día siguiente formó la tropa y recogió las varitas midiéndolas una a una. Una de ellas era cuatro dedos más corta que las demás.

—¡Miserable! —gritó Quiroga al hombre—. Lo robaste tú.

El soldado confesó. Como gaucho ignorante había pensado que la varita podía crecer y la había cortado. Quiroga era gaucho y sabía cómo razonaban los suyos.

Dupont y Castaños

Después de la batalla de Bailén que ganaron los españoles a pesar de que sus fuerzas eran inferiores en número y calidad, el general Dupont, que mandaba las tropas napoleónicas, se presentó ante el vencedor general Castaños y le dijo:

—Os entrego esta espada, vencedora en cien batallas.

Castaños respondió:

—Pues yo, ésta es la primera batalla que gano.

La espada de Mesonero Romanos

En su libro *Memorias de un setentón* don Ramón de Mesonero Romanos cuenta que, siendo él muy chico, tuvo ocasión de ver personalmente al rey José I, el hermano de Napoleón, a quien llamaban Pepe Botella los españoles. El padre de don Ramón era el corregidor de Madrid en los días de la dominación francesa y quiso presentar a su hijo al monarca francés. El rey agradeció la visita y, acariciando al pequeño, le preguntó en su imperfecto español:

—¿Para qué llevas esta espada de madera?

El niño replicó:

—Para matar franceses, majestad.

Los sitios de Zaragoza

Durante los sitios que la capital de Aragón sufrió en 1808 y 1809 hubo que suspender la publicación de los periódicos. Para anunciarlo, se imprimían octavillas como la siguiente:

«Hoy no se publica el *Diario de Zaragoza* porque los redactores y los impresores se encuentran en las barricadas defendiendo la ciudad.»

Los ciegos de Cádiz

En 1811, cuando las Cortes estaban reunidas en Cádiz, los ciegos que recitaban romances daban siempre noticias de las victorias españolas y nunca de las victorias francesas en la guerra de la Independencia. Don Juan Nicasio Gallego, diputado de aquellas Cortes, contaba después que en una ocasión le preguntó a uno de estos ciegos recitadores:

—Maestro, ¿es que los franceses no ganan ninguna batalla?

El ciego replicó:

—Sí, señor, pero esas noticias las dan los ciegos de Francia.

No conozco a ninguno

Cuando Fernando VII fue repuesto en el trono de España, regresó a Madrid del destierro el guerrillero Juan Martín, *el Empecinado*. El monarca le presentó a los personajes de la corte:

—Supongo que no conocéis a ninguno —dijo Fernando VII.

El Empecinado replicó:

—En efecto, señor, no conozco a ninguno de estos señores. No les he visto tomar parte en la campaña contra el invasor a quien al fin hemos echado.

El mote de «el Empecinado»

Juan Martín Díaz, famoso guerrillero de la guerra de la Independencia, es conocido por «el Empecinado» no porque fuera hombre obstinado sino por el lugar de donde era natural. Había nacido, en efecto, en un pueblo de lo que es hoy la provincia de Valladolid llamado Castrillo de Duero. Por el término del pueblo pasan arroyos que forman un lago negruzco a cuyo cieno se da el nombre de pecina. Y de ahí el mote con que ha pasado a la historia de España.

La muerte de Juan Martín

El Empecinado tomó parte en el motín popular contra los franceses del 2 de mayo de 1808 en Madrid y llegó a obtener el grado de general del Ejército. Siguió combatiendo contra el Absolutismo y en 1820 se pronunció a favor de la revolución iniciada al proclamar Riego la Constitución de Cádiz. En 1823, cuando los Cien mil hijos de san Luis terminaron con el Trienio Liberal, se retiró a la villa de Roa, próxima a su pueblo. Pero fue apresado por los absolutistas. El alcalde de Roa llegó al extremo de exhibirle en la plaza del pueblo encerrado en una jaula. Fue condenado a muerte y, camino del cadalso, tuvo un acceso de furor e intentó escapar para acogerse al sagrado de la iglesia de la Colegial. No lo consiguió y fue ahorcado el 19 de agosto de 1825.

El cura Merino

Jerónimo Merino fue uno de los más famosos guerrilleros que combatieron a las tropas de Napoleón cuando invadieron España. La razón por la que el cura Merino, como se le llamaba, se decidió a luchar contra los franceses fue un episodio que sucedió en el pueblo de Villoviado, en Burgos, donde había nacido Jerónimo. A principios de enero de 1808 entró en el pueblo una compañía de soldados franceses. Su jefe pidió animales de carga para llevar la impedimenta hasta Lerma. No se encontraron suficientes acémilas y, entonces, el jefe francés mandó llamar a los mozos fornidos del pueblo para que llevaran el bagaje. A Merino le tocó llevar el bombo, cuatro platillos y dos tambores de la banda del Regimiento. Cuando llegó a Lerma, Jerónimo formó una cruz con los dedos y, besándola, dijo: «Por ésta que me la habéis de pagar.»

Escrúpulos

Un cortesano le pedía a Fernando VII que le diese un empleo digno de su categoría. El rey prometió procurárselo y al día siguiente le llamó para decirle:

—Voy a hacerte canónigo de la catedral de Murcia.

El cortesano, contrariado, le dijo:

—Pero, majestad, eso es imposible. Soy casado y tengo ocho hijos.

El rey le contestó:

—¡Bah! Si te andas con estos escrúpulos, nunca encontrarás empleo.

«¡Vivan las caenas!»

Cuando Fernando VII volvió de Francia después de que José I abandonara España, fue recibido con entusiasmo por el pueblo. Al paso del rey se oían vítores y gritos de «¡Vivan las caenas!». Los absolutistas decían poemas en honor del tanto tiempo *Deseado*. He aquí la décima que escribió Diego Rabadán en elogio de Fernando y vituperio de José, a quien llamaba el pueblo Pepe Botella atribuyéndole falsamente una desmedida afición a la bebida:

Éste sí que es nuestro rey
y no el intruso Pepino,
sin más Dios que el dios del vino,
Baco, Cupido y su grey,
sin derecho, amor ni ley.
Pero este punto dejando...
vamos todos entonando
con voces muy expresivas:
¡Veinte millones de vivas
a nuestro amado Fernando!

Martínez de la Rosa y la libertad

Durante una recepción celebrada en las Tullerías, don Francisco Martínez de la Rosa, embajador de España, mostraba a una de las princesas de la corte de Luis Felipe una nuez que él había trabajado con la hoja de su cortaplumas hasta convertirla en una pequeña escultura. El rey se aproximó y le preguntó al embajador dónde había aprendido a hacer aquel trabajo que tanta paciencia requería.

—En presidio —respondió Martínez de la Rosa. Y añadió—: El rey Fernando VII me hizo encarcelar porque dije en mi periódico que «la libertad era la esperanza de España».

—¿Y quién os sacó de allí? —preguntó Luis Felipe.

—El mismo rey, porque en unos versos dedicados a su hija dije que Isabel era la esperanza de la libertad.

La protesta de los bigotes

Del escritor don Ventura de la Vega se cuenta la siguiente anécdota. Reinando Fernando VII, hacia 1827, el gobierno Calomarde reprimió con dureza una conspiración liberal. Hubo varios ajusticiamientos. Entre los partidarios liberales surgió entonces la idea de dejarse crecer el bigote para protestar contra la represión y, al mismo tiempo manifestar la oposición al régimen absolutista. Uno de los que siguieron la consigna fue el entonces joven escritor Ventura de la Vega. El gobierno dispuso que se detuviera a todos los jóvenes que llevasen bigote y el encargado de hacer cumplir la orden fue el jefe de Policía, señor Zorrilla, padre del futuro poeta romántico, autor del *Tenorio*. El policía se encontró al escritor por la calle y mandó a los guardias que le llevaran al barbero. Ventura le dijo que «mis bigotes son los únicos bienes raíces que poseo». El problema vino cuando, afeitado el joven escritor, se negó a pagar al barbero, alegando que había sido el jefe de Policía quien había encargado el rasurado.

María Josefa Amalia de Sajonia

Fernando VII se casó en terceras nupcias, en 1819, con la sobrina del emperador de Austria, María Josefa Amalia de Sajonia. Era una princesa muy religiosa que, huérfana de madre desde la niñez, fue recluida en un convento de monjas del que salió a los dieciséis años para casarse con el rey de España. Estuvo casada diez años y fue una esposa modelo, dedicando toda su atención a la caridad y a sus devociones. Don Natalio Rivas, que pudo consultar el archivo secreto de Fernando VII, cuenta esta notable historia: en el último año de su vida, doña María Josefa Amalia tomó como confesor al obispo de Ciudad Rodrigo don Pedro Manuel Ramírez de la Pirina. La labor que en el confesionario hizo este prelado produjo efectos desastrosos en el regio hogar. Infundió en el espíritu purísimo de la reina, así lo refiere don Natalio, el convencimiento de que la relación sexual, pese a estar santificada por el sacramento, manchaba la pureza del alma. El rey, profundamente preocupado ante la resistente actitud de su augusta esposa, no quiso usar de su prerrogativa de destituir al obispo. En lugar de ello, escribió al papa León XII una carta, a la que no consta que contestara el pontífice, en la cual le informaba de que dicho obispo «la dirige con tales doctrinas que ni la hace entender que ella es carne de mi carne y hueso de mis huesos, ni contribuye a formar la ternura y afecto íntimo que exige la grandeza del sacramento». Por lo cual, añadía, «pido a Vuestra Beatitud por las entrañas de Jesucristo Crucificado, a cuyos pies he consultado y meditado esta determinación, que Vuestra Beatitud, como motu proprio, mande al obispo Ramírez de la Pirina que se restituya a su diócesis. Pero es indispensable que el mandato se expida en tales términos que no haya lugar a tergiversación, a dilación ni a réplica...».

La camarilla

La figura del valido, a quien los monarcas españoles de la casa de Austria y algunos de los Borbones confiaban el gobierno del Estado, desapareció bajo Fernando VII. Lo característico de su reinado fue más bien un consejillo íntimo de aduladores al que el pueblo llamó «la camarilla». Eran contertulios del rey, por ejemplo, un antiguo aguador de la Fuente del Berro llamado Chamorro; Ugarte, esportillero antes que favorito; o un vendedor de chocolate del puerto de Cádiz llamado Juan Esteban Lozano Torres. Este Lozano era sobrino del famoso conspirador del mismo apellido que tuvo que exiliarse a Londres, donde se hizo relojero y años más tarde regaló a Madrid el reloj de la Puerta del Sol. Con el apoyo de su tío, Juan Esteban viajó por varios países de Europa. Al volver, prestó servicios en el Ejército y escribió al rey ofreciéndole su adhesión y su vida y denunciando e insultando a varios «negros», que era como los absolutistas llamaban a los liberales. El rey le dio permiso para frecuentar sus tertulias. Por la mañana, Lozano enviaba a palacio a un criado suyo que se enteraba de cómo había pasado la noche el monarca. Luego llegaba él y fingía haber padecido los mismos trastornos al objeto de demostrar lo muy identificado que se sentía con el soberano. Así llegó Lozano Torres a alcanzar el cargo de secretario del Despacho de Estado, que equivalía al de primer ministro. Su designación, sin embargo, cayó como una bomba en la corte y tuvo que dimitir. Poco tiempo después, el caprichoso Fernando le excluyó de su camarilla y le condenó al destierro.

El guerrillero

Julián Sánchez fue un famoso guerrillero extremeño de la guerra de la Independencia. Una de las acciones que más prestigio le dio fue la del día que, cerca de Ciudad Rodrigo, atacó con sólo veinticinco jinetes de su partido a un escuadrón entero de dragones franceses y lo puso en fuga. Un militar de profesión, el conde de España, le preguntó a Julián cómo se había atrevido a hacer eso, siendo así que el escuadrón francés estaba compuesto por más de un centenar de dragones. El guerrillero respondió:

—Porque no los conté, mi general.

La bofetada

La más sonora bofetada de la historia de España se la dio doña Luisa Carlota de Borbón, hermana de la reina María Cristina y cuñada de Fernando VII, a un ministro, don Tadeo Calomarde. Todo vino porque, cuando Fernando VII estaba agonizando, Calomarde consiguió que el rey firmara el codicilo por el cual privaba de la sucesión al trono a su hija Isabel, en favor de su hermano Carlos. Doña Luisa Carlota, mujer de carácter, que pasaba una temporada en Madrid con su hermana, se acercó al ministro, que tenía el papel ya firmado en la mano, se lo arrebató y le plantó, según don Benito Pérez Galdós, «la más sonora bofetada que jamás se ha dado». La cual, por cierto, tuvo el doble efecto de que Isabel fuera reina al morir su padre y que se echaran los carlistas al monte. Calomarde dejó de ser ministro y tuvo que consolarse con pasar a la historia por la frase con que contestó a la bofetada:

—Señora, manos blancas no ofenden.

El grito de Chuquisaca

El movimiento de independencia de la América española se inició con el «grito de Chuquisaca» el 25 de mayo de 1809. Se constituyó una junta formada por delegados de diversos territorios y presidida por el patriota boliviano Pedro Domingo Murillo. Vencidos los insurrectos por los españoles en la batalla de Chacaltaya en octubre de aquel mismo año, Murillo y otros patriotas fueron pasados por las armas. Las últimas palabras del héroe boliviano anunciaban ya la independencia de los países americanos. Dijo:

—La tea que dejo encendida nadie podrá apagarla.

Que no se entere el general

Un oficial del ejército se presentó en una ocasión en el despacho del general San Martín, héroe de la Independencia americana, y advirtió a su secretario que él no quería hablar con el general sino con el ciudadano don José San Martín. Una vez que éste le recibió, el oficial le expuso su problema: él era habilitado de un cuerpo de Ejército y había perdido en el juego la cantidad destinada a la paga de aquel mes.

San Martín, sin hacer comentario alguno, se dirigió al canterano del despacho y le entregó al oficial la suma que había perdido en el juego diciéndole:

—Reintegre inmediatamente esa cantidad a la caja. Y guarde el más profundo secreto sobre esto porque si el general San Martín llega a enterarse de lo que usted ha hecho, le mandará fusilar en el acto.

Rousseau y Napoleón

Bonaparte, siendo primer cónsul visitó la ciudad de Ermenonville con el conde de Girardin. Allí, el padre de este último había recibido hacía tiempo a Jean-Jacques Rousseau. Napoleón dijo de él:

—Habría sido mejor para la tranquilidad de Francia que este hombre no hubiese existido jamás.

Cuando Girardin le preguntó por qué, el primer cónsul dijo:

—Rousseau fue quien preparó la Revolución.

—Yo creía, ciudadano cónsul, que no estabais en contra de ella.

Napoleón quedó un momento pensativo y replicó:

—El porvenir dirá si no hubiese sido preferible para la paz del mundo que ni Rousseau ni yo hubiéramos existido.

Impuesto sobre la renta

Cuando el gobierno de Pitt estableció en Inglaterra el impuesto sobre la renta llamado *Income Tax*, Napoleón Bonaparte comentó con algunos de sus consejeros:

—Este impuesto está bien. La gente protesta. Y eso quiere decir que paga.

Emperador sin dinastía

Cuando Napoleón se hizo emperador de los franceses, muchos comentaron irónicamente el acontecimiento. Y no sólo en las naciones enemigas sino en la misma Francia. El nuevo emperador no pertenecía a ninguna dinastía y se le consideraba menos digno de ocupar el trono francés que al Borbón Luis XVIII. Lamentándose un día Napoleón de lo mal que se aceptaba que él se sentara en el trono, comentó ante un grupo de sus cortesanos:

—¡Ah, si yo fuese mi nieto!

La grosería de Napoleón

En una fiesta que se celebró en palacio, Napoleón saludó a una condesa con fama de haber tenido muchos amantes y le preguntó:

—¿Os siguen gustando los hombres tanto como siempre?

Ella no se arredró. Haciendo una reverencia dijo:

—Sí, sire, cuando son bien educados.

Madame de Staël

La baronesa de Staël-Holstein, hija del banquero Necker, que había sido ministro de Hacienda de Luis XVI, esposa de un embajador de Suecia, enemiga de Napoleón Bonaparte y amante de Benjamin Constant, fue por su doble condición de prolífica escritora y de *grande dame*, una de las personas más influyentes de su siglo. Sus salones estaban siempre llenos de gente importante y la gran pasión de Germaine de Staël era ayudar a sus amigos. En la época del Terror salvó a no pocas personas de la guillotina. En la del Directorio hizo los posibles y los imposibles para conseguir que su amigo Talleyrand fuera nombrado ministro de Asuntos Exteriores. El mismo Talleyrand decía de ella:

—Echaría a sus amigos al agua para poderlos salvar.

Madame de Staël y Napoleón

La baronesa de Staël hablaba de política en una reunión en la que se encontraba Bonaparte, entonces general del ejército. Todos los presentes, menos Napoleón, elogiaban lo que la baronesa decía. Ella le preguntó:

—General, ¿no opina como yo?

—No sé, señora. No prestaba atención —respondió Bonaparte—. Pero no me gusta que las mujeres se metan en política.

Madame de Staël dijo entonces:

—Debe reconocer, general, que en un país donde se corta la cabeza a las mujeres, es natural que éstas quieran saber la causa.

Honrados o deshonrados

Madame de Staël no perdía ocasión de zaherir a Napoleón. Un día, estando en palacio, un amigo suyo le dijo que había sido agraciado con la Legión de Honor, la condecoración creada por el emperador. Ella contestó con un juego de palabras, mostrando su desprecio:

—*Ah!... Vous êtes des honorés!*

Fácilmente se aprecia el doble sentido en la frase francesa que puede querer decir «usted está entre los honrados» (*des honorés*) o «usted ha sido deshonrado» (*deshonoré*). En el idioma hablado las dos frases suenan igual.

La belleza de Paulina Bonaparte

La hermana de Napoleón, Paulina, era una mujer de gran belleza. Se casó con el príncipe de Borghese, poseedor de una de las mayores fortunas de Italia. Era una mujer moderna para su época y buena persona, además, pues dio muestras de su gratitud al emperador cuando le llevó sus joyas al destierro de la isla de Elba para que no tuviera, como hoy diríamos, problemas económicos. En Roma entabló amistad con el escultor Antonio Canova, a quien hizo un encargo muy especial. Le pidió que la esculpiera desnuda. Para ello posó ante el escultor durante varias semanas. Cuando Canova terminó la obra, una dama le preguntó a Paulina si no se había sentido molesta durante aquel tiempo. Y Paulina respondió ingenuamente:

—¡Oh, no! El estudio de Canova tiene muy buena calefacción.

No es ningún tonto

En París era conocida la animadversión que madame de Staël sentía por el emperador. Un cortesano que quería adularla dijo en su presencia que Napoleón Bonaparte no había tenido jamás ni talento ni valor. La baronesa replicó:

—Caballero, le costaría mucho trabajo convencerme de que Europa está prosternada desde hace quince años a los pies de un imbécil y un cobarde.

La venganza de la emperatriz

La emperatriz Josefina, esposa de Napoleón, tenía que dar un baile en palacio y le anunciaron que estaba invitada una dama a quien ella odiaba con toda su alma. No pudiendo evitar que aquella señora acudiera a la recepción, Josefina procuró enterarse del color del vestido que llevaría la dama en cuestión. Le dijeron que era de un verde rabioso. Y Josefina hizo cambiar a toda prisa y con enorme coste el decorado del salón, incluyendo el papel de las paredes, la tapicería de los muebles y el color de las alfombras dando al conjunto un tono azulado en el cual aquel vestido verde resultara chillón y vulgar.

La revolución continuará

Decía un cortesano al emperador de los franceses:

—A vos, sire, se os debe el haber acabado con el espíritu revolucionario.

—Os equivocáis —contestó Napoleón—. Yo soy sólo el punto que marca la página en que la revolución se ha detenido. Cuando me muera, la Historia volverá la hoja y la revolución continuará su marcha.

Un suspiro de alivio

Napoleón preguntó un día al maestro de ceremonias del Imperio, conde de Segur:

—¿Qué os parece que dirá el mundo después de mi muerte?

Segur empezó a hacer un discurso sobre los innumerables males que traería consigo la muerte del emperador. Pero Napoleón le interrumpió:

—No, nada de eso. Dirá: ¡Uf!

Dios hizo a Bonaparte

El barón de La Chaise, siendo prefecto de Arras, pronunciaba en una ocasión un discurso en presencia del emperador de los franceses. En un momento dado y poniendo gran énfasis a sus palabras, el orador dijo:

—Dios hizo a Bonaparte y descansó.

Napoleón debió de quedar muy complacido. Pero cuando la frase se comentó en círculos de oposición al emperador, alguien dijo:

—Más le habría valido descansar un poco antes.

El buque de vapor

Robert Fulton pedía apoyo a los soberanos de Europa para realizar su proyecto de aplicar la máquina de vapor a la navegación. Consiguió que alguien hablase de ello a Napoleón pero el emperador de los franceses contestó que Europa estaba llena de charlatanes que ofrecían a los gobernantes inventos que sólo existían en su imaginación. Cuando Fulton quiso explicarle su invento, Napoleón le llamó visionario y le volvió la espalda. Pocos años después tuvo ocasión de ver un buque que navegaba a vapor. Pero fue en alta mar, cuando él iba como prisionero a la isla de Santa Elena.

Napoleón y la música

Napoleón Bonaparte no debía entender mucho de música. Un día le dijo a Cherubini que los acompañamientos de sus partituras eran excesivamente sonoros. El músico, que era orgulloso, le contestó:

—Comprendido, sire; vuestra majestad prefiere la música que no impide pensar en asuntos de Estado.

La vuelta de Napoleón en titulares

Cuando Napoleón abandonó la isla de Elba y se trasladó a Francia para lo que había de llamarse «el Imperio de los Cien Días», un periódico de París, *El Constitucional,* tituló a cuatro columnas:

«El sanguinario ogro ha abandonado su guarida.»

Cuando se supo que había desembarcado en tierra francesa, el diario escribió en su primera página:

«El bandido de Córcega está en Francia.»

La llegada a Grenoble mereció este título:

«Bonaparte se encamina hacia París.»

Tres días más tarde:

«Napoleón prosigue su avance triunfal.»

Al día siguiente:

«Mañana hará su entrada en París el emperador.»

Y el último titular:

«Su Majestad Imperial ha llegado a la capital de sus Estados.»

La ortografía, para los escribientes

En el *Memorial de Santa Elena,* Las Cases refiere que Napoleón estaba reñido con la ortografía. Y que le decía:

—Un hombre público que atiende grandes asuntos no puede ni debe escribir con arreglo a la ortografía. Sus ideas deben correr más que su mano. Tiene que poner palabras en letras y frases en palabras para que luego los escribientes lo desenmarañen todo.

Soult cambia de chaqueta

Cuando Napoleón escapó de la isla de Elba y volvió a Francia, el mariscal Soult, a quien el emperador había hecho duque de Dalmacia, era ministro de la Guerra con Luis XVIII. Al principio Soult manifestó su fidelidad al rey Luis y llamó «insensato» a Napoleón. Pero luego se presentó al emperador, quien le confió el mando de sus tropas y le hizo par de Francia. Tomó parte importante en la batalla de Waterloo y, cuando Napoleón fue derrotado, se reconcilió con Luis XVIII, fue ministro y jefe del gobierno con Luis Felipe y murió cargado de honores.

La columna de la Place Vendôme

Cuando cayó Napoleón y emprendió el viaje al destierro de Santa Elena, sus adversarios quisieron destruir los signos exteriores del imperio napoleónico, entre ellos la columna de la plaza de Vendôme. Esta columna tiene algo más de cuarenta y tres metros de alto y fue fundida con el bronce de los cañones tomados a los rusos y a los austríacos en la campaña de 1805. Estaba coronada por la estatua del emperador vestido a la romana.

Por más que trajeron tiros de caballos no lograron derribar la columna pero sí la estatua que quedó destrozada al estrellarse sobre las piedras del pavimento de la plaza entre los aplausos y gritos de júbilo de los presentes. Por la noche, cuando todos habían marchado, una mano anónima colocó en el pedestal de la columna un cartel que decía:

—No habiendo podido llegar hasta mí, me han hecho bajar hasta ellos.

Un rey republicano

Jean Baptiste Bernadotte, mariscal de Francia y uno de los mejores generales de Napoleón, fue nombrado sucesor de Carlos XIII de Suecia y, al morir éste, elevado al trono con el nombre de Carlos XIV. Este hombre, que había nacido en Pau, en el sur de Francia, en la familia de un modesto abogado, empezó su carrera militar como soldado. Le hicieron sargento y la Revolución francesa hizo posible que los militares procedentes de la clase de tropa pudieran ser oficiales.

Un día, cuando ya era rey de Suecia, Jean Baptiste se puso enfermo. El médico recetó una inmediata sangría y le pidió al rey que se arremangara el brazo derecho. Carlos XIV se negó en redondo. Ante la insistencia del doctor, mandó que salieran del cuarto todos los ayudantes y le pidió al médico que jurara guardar silencio sobre lo que iba a ver. Y, al arremangarse la camisa, apareció en el brazo del monarca un tatuaje con la inscripción: «¡Mueran los reyes!»

El arrepentimiento de Murat

Joachim Murat era hijo de un mesonero de La Bastide y se escapó de su casa para hacer la guerra como soldado en contra de la voluntad de sus padres. Hizo una gran carrera, pues Bonaparte le nombró brigadier y cuando se convirtió en emperador hizo a Murat mariscal del Imperio y duque de Clèves y de Berg. Cuando el hermano de Napoleón, José Bonaparte, fue designado rey de España, Murat le sucedió en el reino de Nápoles con el nombre de Joaquín I. Sin embargo, cuando se eclipsó el poder de Napoleón y el emperador partió hacia el destierro de Santa Elena, Murat perdió el trono. Quiso recuperarlo y salió del puerto de Ajaccio con una expedición para tomar Nápoles. Debido a una traición de que fue objeto, el ex rey cayó en una emboscada y fue condenado a muerte. Cuando iba a ejecutarse la sentencia. Un sacerdote entró en su calabozo y le preguntó si tenía algo de que arrepentirse. Murat respondió:

—Sí. Me arrepiento de haber desobedecido a mis padres, que no querían que fuese soldado. Si les hubiera hecho caso, ahora sería mesonero.

El infame Fouché

Fouché había servido como jefe de la Policía a la Revolución y al Imperio. Después del destierro de Napoleón sirvió también a la Monarquía. Despachando con el rey le presentó una lista de personas que habían tomado parte en la Revolución y a las que el nuevo régimen debía perseguir. Luis XVIII le dijo a Fouché con reticencia mientras ojeaba la lista:

—Ya veo que no ha olvidado usted a ninguno de sus amigos.

Napoleón, de Metternich

En 1806, Metternich fue designado como enviado del emperador de Austria en Francia. Pasado algún tiempo, Napoleón comentó:

—Metternich es casi un estadista. Miente muy bien.

El joven Metternich

En septiembre de 1806, Metternich, entonces embajador de Austria, fue a presentar las cartas credenciales a Napoleón. El emperador, que veía por primera vez al diplomático, le dijo: «Sois muy joven para representar a la dinastía más antigua de Europa», Metternich demostró su talento diplomático al responder. «Tengo la edad que vuestra majestad tenía el día de la victoria de Austerlitz.»

Un perfecto ayuda de cámara

Cuando a Metternich le hizo príncipe el emperador de Austria para premiarle por sus servicios, su ayuda de cámara tuvo ocasión de demostrar su maestría en el oficio. Al levantarse por la mañana el nuevo príncipe, le preguntó el ayuda de cámara:

—¿Se va a poner su alteza el mismo traje que se puso ayer su excelencia?

El Congreso se divierte

El Congreso de Viena, organizado por Metternich, ministro de Asuntos Exteriores de Austria, a la caída de Napoleón, duró desde septiembre de 1814 hasta marzo de 1815. Fue una reunión de testas coronadas y principescas como jamás se había visto y nunca más se vería en Europa. El zar y la zarina de Rusia, los reyes de Baviera, Prusia, Dinamarca, los príncipes de Weimar, Baden y Nassau y los embajadores del Imperio Otomano, de Portugal, de Suecia, de España. Metternich no había querido unas negociaciones de altos dignatarios alrededor de una mesa de trabajo. Había montado una gran fiesta palatina y esa fiesta duró hasta que llegó la noticia de que el Gran Corso había escapado de Santa Elena y desembarcado en Francia para iniciar su Imperio de los Cien Días. De lo que se trataba en aquel Congreso era de restablecer el equilibrio europeo a la terminación del dominio napoleónico. Aquellos grandes fastos tuvieron mucha importancia en el futuro de Europa pero no faltaron las críticas a aquel Congreso que se divertía tanto y aparentemente trabajaba tan poco. El príncipe de Ligne lo expresó en frase afortunada:

—Se danza pero no se avanza.

La puntualidad

Un general llegó tarde a una cena que ofrecía en su casa el señor de Talleyrand. El ministro de Napoleón le dijo al escuchar las excusas del invitado. «Por favor, esto no tiene ninguna importancia. Se trata sólo de una cena. Si se hubiera tratado de una batalla, el general habría llegado el primero.»

La esposa de Talleyrand

El ministro de Asuntos Exteriores de Napoleón se casó con la señora Grand sin comunicárselo al emperador. Éste, que se preocupaba mucho por las cualidades y defectos de las personas que tenía a su lado, le preguntó a Talleyrand si su mujer era inteligente.

—Como una rosa, señor —dijo el ministro.

Por la respuesta se adivina que la futura princesa de Benevento no era ninguna lumbrera. Lo demostró durante una cena que Talleyrand ofreció en su casa al embajador de Gran Bretaña, sir George Robinson. Temiendo que su esposa dijera alguna inconveniencia, el marido le hizo una serie de recomendaciones. Ella afirmó que conocía perfectamente al personaje. Mientras cenaban, la señora Grand, que tenía a Robinson a su lado, le preguntó:

—Y, dígame ¿sigue usted teniendo a su servicio al salvaje Viernes que se encontró en aquella remota y solitaria isla?

Al habilísimo diplomático le dio casi un soponcio al ver que su mujer había confundido a sir Robinson con Robinson Crusoe.

Talleyrand, gastrónomo

Asistía Talleyrand a un banquete y al probar el pavo que sirvieron exclamó:

—¡Lástima! Estaría riquísimo si no fuera por las malas compañías...

El dueño de la casa preguntó al cocinero qué había hecho y resultó que en el mismo horno que el pavo había asado una pierna de cordero.

Diputado sin sueldo

Después del destierro de Napoleón, Luis XVIII preparó una carta constitucional que el rey quería dar al pueblo francés. Talleyrand, que presidía el gobierno provisional, fue consultado por el monarca y cuando leyó el texto le dijo que allí faltaba algo: los honorarios que habían de percibir los diputados. Luis XVIII replicó que a su juicio ésos debían ser cargos honoríficos y sin sueldo. Talleyrand replicó:

—Oh, claro, claro. Pero tanto como honoríficos... ¡Eso puede costar muy caro!

La calumnia

Hablando de la calumnia decía Talleyrand:

—Hay algo mucho más peligroso que la calumnia: la verdad.

El obispo Talleyrand

Charles Maurice de Talleyrand se hizo obispo para poder hacer carrera política. Se convirtió después en revolucionario y el papa le excomulgó. Fue ministro de Asuntos Exteriores del Directorio; luego, de Napoleón y, cuando éste cayó, lo fue de Luis XVIII. Desde que se ordenó en 1779, dijo muy pocas misas y tenía fama de equivocarse en el ritual del Santo Sacrificio. Cuando le eligieron obispo de Autun, su propia madre, viendo que llevaba una vida disoluta, escribió al rey Luis XVI una carta en la que decía: «... Suplico a vuestra majestad que no dé el escándalo de hacer obispo a mi indigno hijo.» La súplica no fue escuchada y Talleyrand fue toda su vida un obispo excomulgado. Murió, sin embargo, en el seno de la Iglesia. Cuando el sacerdote iba a administrarle la extremaunción, le recordó que no debía ungirle en la frente, dada su condición episcopal: «Tenga cuidado de no equivocarse, señor cura. Soy obispo.»

Una carta convincente

El escritor y político Benjamin Constant se sintió atraído por los principios de la Revolución francesa y trabajó en su favor sin caer nunca en ningún extremismo. También apoyó al Directorio pensando que serviría para unir a los franceses. Se enfrentó, en cambio, con Bonaparte, sobre todo cuando éste se proclamó emperador. Por ello sufrió destierro. Cuando Napoleón cayó, Constant no creía tener motivos para temer a la Restauración. Sin embargo, le avisaron de que figuraba en una de las listas de personas que había que deportar. Entonces hizo llegar a Luis XVIII una carta de justificación que consiguió el efecto deseado porque el mismo rey tachó su nombre de la lista de los proscritos.

—Tu carta era una maravilla —le dijo un amigo—. Ha convencido al rey.

—Creo que sí —respondió Benjamin Constant—. Estaba bien escrita, casi me convenció a mí también.

Tolerancia o desprecio

Luis XVIII de Francia tenía entre sus ministros a un hombre de ingenio llamado Vitrolles. Un día, en una conversación que celebraban varios dignatarios, el ministro mostró una gran indulgencia por la actitud que años atrás había mostrado Mirabeau en un determinado asunto. Alguien se extrañó de que Vitrolles fuese tan indulgente y éste replicó:

—La tolerancia, en ocasiones, no es más que desprecio.

Un ministro honrado

El conde de Corbière, ministro de Luis XVIII, entró a despachar con el rey y dejó sobre la mesa la cartera que llevaba, los anteojos, el pañuelo y la caja de rapé.

El soberano, le preguntó algo molesto:

—¿Habéis venido a vaciaros los bolsillos aquí?

Corbière replicó:

—Sí, sire. Otros vienen a llenárselos.

La próxima vez

En los funerales del rey de Francia Luis XVIII se produjeron algunos fallos que fueron percibidos por el hermano del rey difunto y sucesor suyo, Carlos X. El maestro de ceremonias, duque de Deux-Brezé, lo acabó de arreglar al decirle al nuevo monarca:

—Lamentable, lamentable, majestad, pero puede estar seguro de que la próxima vez saldrá mejor.

Hay que decir que la abdicación de Carlos X ante la revolución de 1830 impidió comprobar si el protocolo funerario había mejorado.

La precocidad de Isabel II

La reina Isabel II tenía seis años de edad cuando estalló el motín de La Granja, el 12 de agosto de 1836. Los sargentos sublevados impusieron su voluntad a la reina Cristina, viuda de Fernando VII. Viendo a su madre atribulada y llena de ira por la humillación que había sufrido, dijo la reina niña:

—Mamá, ¿por qué no sacas los cañones?

«Soles de inocencia»

La reina Isabel II y su hermana la infanta Luisa Fernanda, siendo niñas, fueron a un recital de poesía. Al llegar a palacio le dijo Luisa Fernanda a su hermana:

—Me parece que eso de «soles de inocencia» lo dicen por nosotras.

La reina respondió:

—Claro que por nosotras va todo eso; lo de «augustos ángeles» lo dicen por las dos. Pero lo de «iris de paz», eso es por mí sola, porque a ti no te llaman iris.

Isabel no era santa

La estatua de Isabel II que se alza en la plaza de la Ópera en Madrid es obra del escultor valenciano José Piquer y fue costeada por un adinerado personaje de la época, don Manuel López Santaella. Se inauguró en octubre de 1850. Por entonces se dedicaban intencionadas sátiras a las costumbres supuestamente «licenciosas» de la reina. En la noche de la inauguración alguien colocó al pie del monumento un pasquín que decía:

Santaella, de Isabel
costeó la estatua bella;
y del vulgo el eco fiel
dice que no es santo él
ni tampoco santa ella.

El sainete del Ministerio Relámpago

Los manejos del padre Fulgencio y la «monja de las llagas», sor Patrocinio, consiguieron que el rey consorte Francisco de Asís convenciera a la reina Isabel II de que llamara al conde de Cleonard para formar gobierno. Así lo hizo el 19 de octubre de 1849, a pesar de la oposición de su madre, la reina Cristina. Sin embargo, el día 20, Isabel se arrepintió y llamó a Narváez para formar un nuevo gabinete. De ahí que el anterior sea conocido como «Ministerio Relámpago». El general mandó detener al padre Fulgencio y sacar a la monja de su convento para desterrarla a Badajoz. Al conde de Cleonard le despachó diciéndole: «Puede vuecencia retirarse a descansar de sus fatigas.» Pero el enfado de Narváez duró poco. El padre Fulgencio fue nombrado obispo de Cartagena; sor Patrocinio volvió a su convento de Madrid. Y el general dijo:

—Éste ha sido un drama en el que se repartieron los papeles un rey, un clérigo y una monja. Pero ha resultado ser un sainete.

La corte de los milagros

He aquí un gracioso soneto que describe lo que se ha llamado «la corte de los milagros» del reinado de Isabel II. Aparecen en él, además del rey cónyuge Francisco de Asís, dos personajes que fueron muy discutidos en la época y aun después de ella, pues mientras unos les consideraban como verdaderos santos, otros les tachaban de falsarios que no tenían otro objetivo que el de hacer y deshacer en política. El «escolapio en ademán ascético» es el padre Fulgencio, perteneciente al Instituto de las Escuelas Pías, consejero privado del rey consorte. La «hipócrita sor que con emético llagas remeda» es sor Patrocinio, más conocida como «la monja de las llagas», porque se aseguraba que tenía en las manos, los pies y el costado los estigmas de la Pasión de Cristo y en la frente las huellas de la corona de espinas. El soneto dice así:

Temo que el cetro se convierta en báculo
y el Estado, hoy caduco, muera ético
si otro escolapio en ademán ascético
logra ser del rey cónyuge el oráculo.
Venero a Dios, venero el Tabernáculo,
mas no a hipócrita sor, que con emético
llagas remeda, a cuyo humor herpético
fue quizá al torpe vicio receptáculo.
¿Cuestión de religión lo que es de clínica?
¿Y darnos leyes desde el torno? ¡Cáscaras!
Esto no se tolera ni en el Bósforo.
Mas si la farsa demasiado cínica
se repite, caerán todas las máscaras
y arderá España entera como un fósforo.

El general bonito

Don Francisco Serrano Domínguez fue bautizado por la reina Isabel II con el nombre de «el general bonito». La soberana tenía diecisiete años y se había casado seis meses antes, aunque las desavenencias con su marido Francisco de Asís ya habían comenzado. A instancias del rey consorte, el general Narváez nombró a Serrano capitán general de Granada. Veinte años más tarde, el «general bonito» había de acaudillar la revolución que destronó a Isabel. El marqués de Villaurrutia nos ha dejado un precioso retrato del general: «...Érale la gramática parda más familiar que la de la Academia Española... tenía una mano izquierda que le permitía torear los más terribles miuras de la política sin sufrir una cogida. Decía que daba gracias a Dios por no haber nacido mujer porque, no sabiendo decir que no, hubiera sido una grandísima... pecadora. Reemplazaba el no con el navajeo, en que era consumado maestro. Su ambición era tan grande como la de Espartero y no se paraba en barras constitucionales ni legales; mas, como nacido de mejor cuna y criado en más finos pañales, procuraba siempre envolverla en buenas formas.»

Un saco de medallas

La infanta Luisa Fernanda, hija de Fernando VII y duquesa de Montpensier solía visitar cada año a Su Santidad el papa. La infanta Eulalia, que era nuera de la duquesa, cuenta en sus *Memorias* que la duquesa se llevaba un pequeño saco de medallas, rosarios, estampas, escapularios, detentes y otros objetos piadosos para que los bendijera el papa. Una vez, León XIII, al recibir a toda la familia, vio que la Montpensier sacaba del saquito una medalla y, temiéndose lo peor, le dijo:

—Hija mía, dame el saco y lo bendeciré todo a un tiempo.

La dimisión de Espartero

En uno de los gobiernos del general Espartero, O'Donnell era ministro de la Guerra y Escosura de Gobernación. Uno y otro estaban enfrentados porque el primero creía urgente reprimir los constantes alborotos de los exaltados y el segundo se oponía. Como consecuencia de ello, O'Donnell dimitió y Escosura también. El general Espartero acudió a palacio para dar cuenta de la crisis a la reina acompañado de los dos ministros dimisionarios. Cuál no sería su sorpresa que Isabel II admitió la dimisión de Escosura pero ratificó a O'Donnell en su puesto.

—Me voy, con el beneplácito de vuestra majestad —dijo Escosura.

Espartero le tomó del brazo y afirmó mirando a la reina:

—Espere usted, porque nos vamos juntos.

Isabel II nombró presidente al general O'Donnell.

Enriquecimiento súbito

La reina Isabel II de España preguntó un día al duque de Sevillano, quien a pesar de lo que se cuenta en esta anécdota, llegaría a ser ministro de Hacienda:

—¿Es verdad que te has enriquecido dando paja a los caballos del Ejército?

El duque contestó:

—Al contrario, señora. No dándosela.

El rey consorte

Cuando, en 1860, el general O'Donnell fue a despedirse de Isabel II antes de marchar a la guerra de África, la reina le dijo muy emocionada:

—Si fuera hombre me iría contigo.

El rey consorte, Francisco de Asís, que estaba presente, añadió:

—Lo mismo te digo, O'Donnell, lo mismo te digo.

El pan

Un político español del siglo XIX, Francisco Javier Istúriz, que llegó a ser presidente del Consejo de Ministros, daba la siguiente definición del pan: «Es un alimento indigesto inventado por los tiranos para llenarle la barriga a la plebe.»

Vocación

Cuando el general Narváez subió por primera vez al poder se presentó a felicitarle un antiguo gobernador provincial. Una de las personas de confianza de Narváez le dijo delante del general:

—Hombre, usted felicitó a Espartero, a la coalición que le derribó, a la Unión Liberal..., es usted muy voluble y cambia fácilmente de chaqueta.

—¿Yo voluble? —replicó el interpelado—. Señores, siempre he profesado una misma idea que en mí es una verdadera vocación: ser gobernador civil.

La Constitución según Narváez

En una de las ocasiones en que el general Narváez fue llamado a formar gobierno, lanzó en su programa el proyecto de reformar «la Constitución interna y real de esta antigua nación». Como el general era muy poco sospechoso de atenerse por su forma de gobernar a constitución alguna, un diputado preguntó en el debate parlamentario cuál era la Constitución de que hablaba el gobierno. El ministro de la Gobernación de Narváez, González Bravo, hizo entonces una gran frase:

—La escrita por el dedo de Dios en el polvo de los siglos.

Las guerras carlistas

En las guerras carlistas no había clemencia para los prisioneros. Eran fusilados inmediatamente, sin previo juicio, tanto del lado de los cristinos como de los carlistas. El general Zumalacárregui ganó una batalla al conde de Viamanuel y le hizo prisionero. Ambos generales, no sólo habían sido compañeros en el mismo regimiento cuando eran jóvenes oficiales sino que eran parientes. Zumalacárregui acogió con grandes muestras de afecto y hospitalidad al general cristino, invitándole a comer con él en su tienda. Mandó un correo a don Carlos pidiéndole el indulto para su prisionero pero el Pretendiente le respondió que los cristinos acababan de fusilar al coronel carlista Díaz y su muerte no podía quedar impune. Zumalacárregui palideció a leer la orden y lo comunicó a su prisionero, con grandes muestras de disgusto. Viamanuel le dijo:

—No se aflija, general. Mi fusilamiento está muy puesto en razón.

Dicen que el general carlista se alejó galopando a caballo para no escuchar los disparos que mataron al general cristino.

La cabeza de Espoz y Mina

Cuando el general Espoz y Mina, en 1834, se hizo cargo del ejército del Norte en la guerra contra los carlistas, anunció su visita al cabildo de la catedral de Pamplona. Se reunieron los canónigos, todos los cuales se habían mostrado favorables a la causa del Pretendiente, para recibir al general. Espoz y Mina les dijo:

—Vengo a satisfacer un deseo vuestro. Hace cuatro años ofrecisteis cuatro mil duros por mi cabeza. Aquí la tenéis, yo os la traigo y ahora dadme el premio ofrecido que servirá para ayudar a sostener la guerra. —Los canónigos no supieron qué responder pero pagaron los cuatro mil duros.

Dinero para el destierro

Don Nicolás María Rivero, político sevillano, fue uno de los personajes que mayor papel jugaron en la revolución de «La Gloriosa» que destronó a Isabel II. El gobierno del general Narváez le persiguió a él como a otros revolucionarios. Cuentan que refiriéndose a Rivero, el general dijo un día:

—¡Qué lástima de hombre! ¡Voy a tener que fusilarle!

Decidió sin embargo desterrarle con la advertencia de que si se quedaba en España sería fusilado. El general Narváez, a quien llamaban «el espadón de Loja» porque era natural de la ciudad andaluza de este nombre, no debió de sospechar la reacción de Rivero quien, una vez dictada la orden de destierro, se presentó en su despacho y le dijo al general:

—No basta dar órdenes sino que hay que facilitar los medios para cumplirlas.

Le pidió dinero y el general sacó de su mesa una caja de dinero y le fue dando monedas a don Nicolás hasta que éste le dijo que bastaba y sobraba para marcharse al destierro.

Un secretario informal

Don Nicolás María Rivero, que fue presidente de las Cortes durante el sexenio revolucionario 1868-1873 y ocupó varias veces el ministerio de la Gobernación, tenía por secretario al escritor Eusebio

Blasco. Rivero profesaba gran afecto a su ayudante a pesar de que éste era muy informal. No llegaba casi nunca puntualmente a su despacho y en cierta ocasión estuvo sin aparecer por la oficina dos o tres días. Cuando se presentó, don Nicolás llamó al portero mayor del ministerio y le dijo:

—Traiga usted una cuerda. Una cuerda fuerte.

Cuando el portero volvió con el encargo, Rivero le ordenó:

—Ate usted a mi secretario a la pata de la mesa.

El banquero Salamanca

Don José de Salamanca, banquero y político, creador del barrio que en Madrid lleva su nombre, era un hombre pródigo que solía hacer gestos de gran esplendidez. Un día, en una tertulia del Casino de Madrid, uno de los presentes dijo que se le había caído una moneda de cinco duros y empezó a buscarla entre las patas de los sillones. Salamanca se ofreció a ayudarle en su búsqueda y, sacando de la cartera un billete de mil pesetas, le prendió fuego y se puso a buscar la moneda.

La primera muerte de Salamanca

El banquero don José de Salamanca se murió dos veces. El conde de Romanones, en su biografía del célebre hombre de negocios, cuenta que cuando en su juventud desempeñaba éste la alcaldía de la ciudad alicantina de Monóvar, cayó enfermo del cólera que por aquellos años se declaró en España. Le dieron por muerto y le metieron en un ataúd. Cuando estaban a punto de cerrarlo, se incorporó con gran espanto de los que le velaban y, en su señorial estilo, Salamanca les dijo:

—Perdonen señores, pero hay que dejarlo para otra vez. No tengo la culpa de la molestia que les he producido. Espero que el ataúd pueda servir para otro.

Don Ramón de Campoamor

El poeta Campoamor fue durante un tiempo, a mediados del pasado siglo, gobernador de Alicante. Un día se encontró por la calle a un periodista a quien el gobierno quería meter en la cárcel por uno de los entonces llamados delitos de imprenta. Campoamor le dijo: «Pero, hombre de Dios, ¿no sabe usted que lo busco para prenderlo?» El periodista asintió, confundido, y el poeta-gobernador le gritó: «Pues procure usted que no le encuentre. ¡Vaya usted con Dios!»

Un duelo de Campoamor

En 1863, el general O'Donnell rehizo su gobierno y nombró ministro de Marina a don Augusto Ulloa. Éste no era militar y el nombramiento sentó mal a los marinos. El poeta don Ramón de Campoamor, que era diputado a Cortes, publicó en *La Época* un artículo censurando esta actitud de los jefes de la Armada. Don Juan Bautista Topete, que cinco años más tarde debía encabezar el alzamiento de la escuadra contra Isabel II, contestó a Campoamor con otro artículo de tono destemplado. El poeta pidió al marino que retirara los conceptos vertidos en la respuesta pero Topete se negó. Como consecuencia de ello se celebró un duelo en la Quinta de Vista Alegre. Siendo Topete militar, todos compadecían a Campoamor. Pero he aquí que una vez hubieron empuñado los sables, se vio que el poeta paraba con gran tranquilidad los golpes de su adversario; y, cuando llegó el momento de acometer, se lanzó rápido como una flecha y alcanzó a Topete en la frente causándole una herida de la que manó tanta sangre que el valiente marino quedó inutilizado para el combate.

El sombrero de Echegaray

Don José Echegaray, que había de ser gran parlamentario, ministro y premio Nobel de Literatura, pasó un mal momento el primer día en que visitó el Congreso de los Diputados. Siendo estudiante aún, José obtuvo una invitación para acudir a la tribuna pública del palacio de la Carrera de San Jerónimo. Y durante el debate se emocionó tanto que se le cayó la chistera al hemiciclo. Se produjo un gran alboroto porque alguien creyó que se trataba de una bomba. Todo quedó en un susto, un ujier le devolvió el sombrero y ni siquiera le echaron a la calle.

El estreno de Echegaray

Cuando se proclamó la Primera República Española, en 1873, don José Echegaray emigró a París y allí escribió su comedia *El libro talonario*. Al volver a Madrid después del golpe del general Pavía, Echegaray fue nombrado ministro de Hacienda del gobierno del general Serrano. Por entonces entregó a la actriz Matilde Díez su obra de teatro, diciendo que la había escrito un emigrado español llamado Jorge Hayaseca.

Este nombre era un anagrama del suyo propio pero, por el momento, nadie pensó que la obra fuese original del ministro. Fue don Ramón de Campoamor quien lo descubrió al presenciar uno de los ensayos. La noticia empezó a circular por Madrid y don Cristino Martos, que movía los hilos de aquel gobierno, llamó a Echegaray para decirle que había oído aquellos rumores que le atribuían un estreno de teatro, rogándole que lo desmintiera. Echegaray replicó:

—No es sólo un rumor. La obra es mía.

Martos se llevó las manos a la cabeza.

—¿No comprende usted que nuestros enemigos harán arma política de este estreno?

Echegaray replicó:

—Pues que hagan lo que quieran y que se hunda la política y que se hunda el mundo, pero yo estreno.

Así demostró don José que, además de político, era dramaturgo. Años después recibiría el premio Nobel de Literatura.

El gran elector

A Posada Herrera, alma del partido del general O'Donnell, la Unión Liberal, le llamaban «el gran elector» porque hacía y deshacía los parlamentos a su gusto. Solía decir en frase que se hizo famosa:

—Los ministerios no deben ser parlamentarios sino los parlamentos ministeriales.

La constancia del cesante

Siendo ministro de la Gobernación don Manuel Posada Herrera, se presentó un día en su despacho un cesante que le pidió que le colocara de nuevo en el ministerio. Cuando cambiaban los gobiernos, una legión de cesantes salía en busca de trabajo y Posada Herrera no se extrañó nada por la petición de aquel señor. Le dijo que la atendería y le pidió que se lo recordara.

Cuando aquel día Posada salía del ministerio, el cesante estaba en la puerta para saludarle. Al llegar a su casa, se encontró al cesante en la entrada. Por la tarde, cuando don Manuel fue a la Presidencia para el Consejo de Ministros, allí estaba el cesante saludándole muy amablemente. A la salida se repitió la escena. Llegó un momento en que, en el Congreso, en el ministerio, en su casa, Posada recibía el saludo del cesante. Llamó al jefe del personal y le preguntó si había una plaza vacante. Al poco don Manuel firmaba una credencial de catorce mil reales y escribía en el libro de las recomendaciones que se llevaba en todos los ministerios:

—¡Ay del que lo toque!

María Cristina y el guardia de Corps

La infanta Eulalia de Borbón, hija de Isabel II, cuenta en sus memorias cómo su abuela, la viuda de Fernando VII doña María Cristina, se enamoró del capitán de Guardias de Corps, don Fernando Muñoz. Le conoció un día en que viajaba en coche de Madrid a La Granja de San Ildefonso:

«A la mitad de la jornada, mi abuela comenzó a echar sangre por la nariz y la hemorragia continuó hasta consumir los pañuelos de que disponía... El oficial de escolta, doblándose sobre la montura, extendió hacia la acongojada reina su pañuelo. Un minuto después, pasado el mal, María Cristina sacó del coche la mano pulida y blanca y, con sonrisa amable, devolvió la prenda al capitán Muñoz quien, bizarramente y con gesto de vieja galantería, se lo llevó a los labios.»

La reina, que entonces tenía treinta años, se casó poco tiempo después con el capitán de los Guardias de Corps.

González Bravo y Shakespeare

Don Luis González Bravo, político del reinado de Isabel II, es el protagonista de una historia de venganza que, de ser cierta, sería bastante más que una anécdota y tendría mucho de drama calderoniano o shakespeariano. Le habían dicho a don Luis que mientras él pronunciaba un discurso en el Congreso, su esposa le engañaba en su misma casa con cierto canónigo. Según cuentan, González Bravo pidió permiso un día al presidente del Congreso para interrumpir su discurso durante unos minutos. Marchó a su domicilio, que estaba en la calle de la Gorguera, hoy Núñez de Arce y, lo mismo que Hamlet a Polonio en la tragedia de Shakespeare, mató al clérigo de una estocada a través de una cortina. Luego volvió al Congreso y reanudó su discurso sobre los presupuestos como si nada hubiese sucedido.

La falsa inauguración

Siempre ha habido «inauguraciones simbólicas» que se anticipan a la terminación de las obras de las instalaciones de que se trate. Ninguna como la que mandó celebrar en 1852 un ministro de la Gobernación con motivo del cumpleaños de Isabel II. El Hospital de Nuestra Señora del Carmen no existía más que sobre el papel; era un mero proyecto del gobierno. Pero don Melchor Ordóñez, el ministro, quiso inaugurarlo y para ello utilizó el local del Asilo de Niños Desamparados. Mandó trasladar al hospicio a todos los niños que ocupaban el asilo. Hizo fregar y limpiar bien las salas, colocó plantas y macetas, instaló camas y sillas en las salas vacías y mandó que varias hermanas de la Caridad acudieran al falso hospital y se pasearan por las habitaciones. La reina salió muy complacida de la visita y el ministro obtuvo un notable éxito político.

Cómo empezó «La Gloriosa»

La «Gloriosa Revolución» de septiembre de 1868 que destronó a Isabel II empezó en el puerto inglés de Southampton. Dos caballeros con pasaporte chileno se embarcaron en el vapor *Delta* de la *Mala Real Inglesa*. Eran en realidad don Manuel Ruiz Zorrilla y don Práxedes Mateo Sagasta, diputados a Cortes ambos. Viajaba en el buque inglés otro personaje: el mayordomo de los condes de Nils-Back, que no era otro que el general don Juan Prim y Prats, el cual, para no llamar la atención, fingía no conocer a los dos caballeros. El *Delta* zarpó el día 11 de septiembre y durante los cinco días que el buque empleó en llegar a Gibraltar, el falso mayordomo estuvo atendiendo solícitamente a los señores condes. Sólo de noche se reunía con Sagasta y Ruiz Zorrilla precisamente en el camarote de los Nils-Back. Mientras tanto, el embajador español en Londres, conde de Vistahermosa, creía que los conspiradores seguían estando en la capital del Reino Unido. Una vez llegados a Gibraltar, Prim cambió la librea de mayordomo por la levita de caballero y, junto con Sagasta y Ruiz Zorrilla, se dirigió a la bahía de Cádiz donde, el día 18, había de sublevarse la escuadra contra el régimen isabelino.

El color de Alcolea

Al objeto de dar un distintivo a los soldados del ejército sublevado contra Isabel II y su gobierno, el general Serrano se ciñó al brazo una cinta de percalina de color rojo. Los habitantes de Córdoba y de muchos pueblos de Andalucía se pusieron en aquellos días cintas encarnadas o bien corbatas y lazos del que se llamó «el color de Alcolea».

Música militar

En la batalla del puente de Alcolea, el ejército de la reina, al mando del marqués de Novaliches, tenía mejor artillería que el de los sublevados que mandaba el general Serrano, duque de la Torre. Pero éste disponía de siete cañones que causaron grandes pérdidas a los gubernamentales. Serrano los confió a su sobrino, López Domínguez. Lo curioso del caso es que estos cañones habían sido bautizados con las notas de la escala musical: do, re, mi, fa, sol, la, si.

El laurel de la gloria

Cuando los generales sublevados en la bahía de Cádiz derrotaron al ejército leal a Isabel II, la reina se dispuso a abandonar España para ir al exilio. Algunos de sus consejeros, pensando que aún era tiempo de que Isabel siguiera reinando, quisieron disuadirla de trasladarse a Francia. Uno de ellos, el marqués de Alcañices, le dijo:

—Marchándose, vuestra majestad renuncia al laurel de la gloria.

Isabel contestó:

—La gloria para los niños que mueren y el laurel para la pepitoria.

Las raíces

Según otros testimonios, la destronada reina, al ver la desbandada de sus partidarios, exclamó al cruzar la frontera entre España y Francia, camino de París:

—Yo creía que en este país tenía más raíces.

El francés macarrónico de Isabel II

El escritor Pedro de Répide, cuando vivía en París en 1901, trabajó como bibliotecario en el palacio de Castilla, donde vivía la destronada Isabel II. En su biografía de la reina, Répide cuenta cómo transcurría su vida en el exilio. Asegura que hablaba muy mal el francés. Un día que le regalaron un cuadro preguntó Isabel: «*Où est-ce que nos allons colloquer ça?*» Otro día, a la vuelta de un paseo en landó por el Bois de Boulogne, dijo la reina aludiendo a que habían bajado la capota del coche: «*Nous sommes sorties en voiture avec le derrière découvert.*»

Isabel II y María Cristina

Isabel II y su nuera, la austríaca María Cristina, discutían a menudo. La primera le decía a la segunda: «Tú no eres más que la mujer del rey. Yo tengo número en la Historia.» Una y otra tenían gustos muy diferentes, incluso en lo que se refiere a las comidas. Isabel adoraba el arroz con pollo, el cocido madrileño y el bacalao con tomate. «Es una porquería», decía Cristina cuando en casa de su suegra le servían uno de estos platos. «La porquería —replicaba Isabel— son esas coles podridas que comen en tu tierra.»

¡Qué ensalada!

También habla Répide en su biografía de las visitas que la ex reina de España recibía durante su exilio en París. Iban a menudo a verla el embajador de España, León y Castillo; el duque de Sesto, don José Alcañices, o el novelista don Benito Pérez Galdós, que escribía por entonces sus *Episodios Nacionales*. En una ocasión la visitó el duque de Madrid, nieto del hermano de Fernando VII, don Carlos María Isidro, que pretendía la corona de España. Las guerras carlistas habían terminado por entonces pero la visita de don Carlos María de Borbón a la ex reina no dejaba de resultar chocante. Un dignatario francés que estaba presente comentó por lo bajo: «*Quelle salade!*»

Las razones de Prim

Cuanto triunfó en España la Revolución de Septiembre de 1868, se reprochó al general Prim que hubiese asociado al movimiento revolucionario a gentes sin escrúpulos y de dudosa moralidad. Cuando llegaron estos cargos a sus oídos, exclamó el general:

—¿Con quién había yo de hacer la revolución? ¿Con canónigos?

La sesión de los jamases

Al poco tiempo de la revolución Gloriosa, el general Prim, entonces ministro de la Guerra del gobierno provisional presidido por Serrano, pronunció un discurso en el Congreso en el que se refirió a la dinastía borbónica diciendo que había desaparecido para siempre de España. Y añadió que los borbones «no volverán jamás, jamás, jamás». En los anales parlamentarios se recuerda aquella jornada como «la sesión de los jamases».

La estatua de Prim

En 1843 don Juan Prim y Prats tomó parte en una sublevación contra Espartero. Eligió su ciudad natal, Reus, para el alzamiento. Espartero envió al general Zurbano a reducir la sublevación y bombardeó la plaza. En Reus se produjo una gran confusión pues los soldados de Prim abandonaron sus puestos. El sublevado dirigió montado a caballo en la plaza de las Monjas un discurso a la muchedumbre, en el que terminó diciendo:

—Aquí, en este mismo lugar, me levantaréis un monumento.

En 1886, en la plaza de las Monjas, que tomó el nombre de Plaça de Prim, se alzó la estatua ecuestre del general, obra del escultor Puigener.

Prim y el abuelo del duque

En 1861 se celebró en el Palacio Real de Madrid la ceremonia de cubrirse como grandes de España el general Prim y otros personajes. Al terminar el complicado ritual, el duque de Medinaceli, que estaba presente, se acercó a Prim y le dijo en tono afectuoso:

—Ya somos iguales, general.

Prim replicó con viveza:

—Ya soy igual a su abuelo, duque.

Prim y la libertad de prensa

El liberalismo de Prim le llevaba a defender a los periódicos que los gobiernos moderados ordenaban cerrar porque se oponían a su política. En una ocasión apostrofó por este motivo a los ministros diciendo en el grandilocuente tono de su época:

—Pues si lo que sois lo debéis a la Prensa, ¿por qué, ingratos, insultáis a vuestra madre, la matáis y la devoráis como el dios de la mitología devoraba a sus propios hijos? ¿Pensáis como hombres de Estado que la Prensa puede perjudicar al país por lo que diga, sin tener en cuenta que, sin la fulgurante luz que la Prensa ha derramado sobre el mundo, el mundo estaría en tinieblas?

La caza

En los años sesenta del pasado siglo, el general don Juan Prim hizo varios intentos de sublevación para destronar a Isabel II y sólo lo consiguió en 1868 con «La Gloriosa Revolución». En una ocasión anterior, cuando O'Donnell presidía el gabinete, llegaron noticias de una intentona de Prim y el jefe del gobierno ordenó a su ayudante que fuera al domicilio del general para detenerle. Un criado le dijo que estaba de caza. Cuando el ayudante fue a comunicárselo a O'Donnell éste comentó:

—Sí, ya lo sé. Prim está de caza... de regimientos.

Un favor imposible

El día en que el general Prim, en 1870, fue nombrado presidente del Consejo de ministros, le dijo a su ordenanza:

—Ahora que puedo, voy a premiar tus servicios como mereces. Dime lo que quieres ser.

El ordenanza le puso muy difícil, si no imposible, a Prim cumplir lo prometido porque le dijo al general:

—Señor, hágame coronel retirado.

El aplauso del general Prim

Cuando, en 1870, el general Prim era jefe del gobierno que había salido de la revolución, el diputado Serraclara pronunció un elocuente discurso en favor del establecimiento de la república. Prim, que si no era un gran orador era al menos muy aficionado al arte de la oratoria, le escuchaba atentamente desde el banco azul. Y, cuando Serraclara terminó de hablar, Prim se puso a aplaudir con entusiasmo. Uno de sus ministros le dijo por lo bajo:

—Pero, mi general...

Prim respondió:

—No se inquiete, aplaudo la música, no la letra.

El duque de Sesto

En los comienzos de la Restauración, don Pepe Alcañices, duque de Sesto, fue nombrado alcalde de Madrid. A él se debió la instalación de los primeros urinarios públicos que hubo en la Villa y Corte. Al mismo tiempo dictó un bando imponiendo una multa a los que orinaran en la calle. Un periódico publicó esta cuarteta:

Dos reales por mear,
¡Dios mío, qué caro es esto!
¿Qué cobrará por cagar
el señor duque de Sesto?

Una curiosa condecoración

Don Fernando León y Castillo era embajador de España en París a fines del pasado siglo. A petición del gobierno francés intervino como amigable componedor en un conflicto que había surgido entre Francia y la República de Santo Domingo. Gracias a él, la cuestión quedó resuelta y el gobierno dominicano quiso darle una condecoración. Pero el mismo León y Castillo escribe en su libro *Mis tiempos* que el gobierno de Santo Domingo no tenía cruces que dar y él no las pidió. Le hicieron sin embargo un regalo para recompensar su mediación. Le regalaron una bicicleta.

«¿Cuándo empiezan los tiros?»

Cuando don Amadeo de Saboya llegó a Cartagena para ocupar el trono de España, el general Prim acababa de sufrir el atentado en la calle del Turco de Madrid y todo el mundo suponía que iba a morir como consecuencia de las heridas recibidas. De Madrid salió la Comisión nombrada por las Cortes para recibir al nuevo rey de España. Don José Echegaray, que formaba parte de ella, encontró en la ciudad un ambiente hostil al monarca porque en Cartagena predominaban los federales y los cantonales. Nadie salió a recibir a la Comisión.

Echegaray conferenció con las fuerzas vivas de la ciudad para que se tributara a don Amadeo la recepción debida. Pero no logró grandes resultados.

Se recibió entonces la noticia de la muerte de Prim y se supo que el cantonal Antoñete Gálvez había llegado a Cartagena con unos cuantos tiradores con el propósito de matar al rey. Según el mismo Echegaray contó, el ambiente de la ciudad era tan contrario a la nueva monarquía que en aquellos últimos días de diciembre de 1870, oyó a un niño preguntar a su madre:

—Mamá, ¿cuándo empiezan los tiros?

Un viaje a la luna

La recepción que se tributó en Madrid a Amadeo de Saboya fue extremadamente fría. Prim había muerto y, desaparecido su principal valedor, Amadeo y su esposa, la princesa María Victoria de la Cisterna, apenas tenían simpatizantes en la corte de España. El palacio de Oriente ofrecía un ambiente gélido. Las chimeneas de leña no bastaban para calentarlo. Viendo todo esto, el rey le dijo a su secretario, marqués de Dragonetti:

—Parece que hemos hecho un viaje a la luna.

El único aplauso

Don Amadeo de Saboya, que reinó en España desde 1870 hasta 1873, fue más bien un rey impopular. La aristocracia le volvió la espalda y el pueblo nunca le mostró su aprecio. Obtuvo durante su reinado solamente un aplauso, que cuentan las crónicas de la época. Asistía don Amadeo I a una corrida de toros en el coso que se encontraba en lo que es hoy la confluencia de la calle Serrano en la plaza de la Independencia. Al comenzar la corrida don Amadeo arrojó las llaves del toril y éstas fueron a caer directamente en el sombrero del alguacililllo sin que éste se moviera. Un estruendoso aplauso acogió la puntería del rey.

A Amadeo le llamaban de tú

Poco antes de la abdicación de Amadeo I, el diario *La Época* se quejaba del mal trato que recibía el rey elegido por las Cortes.

—Antes, cuando la monarquía no era democrática, solían los españoles llamar Rey al rey o decir su majestad cuando a él se referían; pero desde que vino a España el duque de Aosta, las gentes han dado en llamarle por su nombre de pila con tan admirable e inusitada franqueza que no parece sino que el rey ha sido condiscípulo de todos los españoles... Y es gran fortuna suya no llamarse Manuel, como su señor padre, pues entonces parécenos indudable que se le habría de conocer por Manolo...

«Se restablece la tranquilidad»

El año de 1873, cuando después de la abdicación de Amadeo de Saboya se proclamó en España la Primera República, fue tiempo de agitación. Pero no tanto quizá como decían los periódicos franceses, interesados en desacreditar el régimen republicano español. Don Nicolás Estévanez, que fue gobernador civil de Madrid con el presidente Figueras y ministro con Pi y Margall, cuenta en sus *Memorias* haber leído en un diario de París que comentaba los sucesos de Madrid:

—Se va restableciendo la tranquilidad. Hoy no han sido asesinados más que tres generales y un obispo. En Sevilla, fueron apedreados unos extranjeros. Pi y Margall amenazó a Castelar con un revólver. El ex alcalde Rivero se naturalizó alemán.

Don Estanislao no podía más

El primer presidente de la Primera República española, don Estanislao Figueras, abandonó un buen día su despacho cuando todavía estaba en funciones y se marchó a París. En su descargo cabría decir quizá que había anunciado que estaba harto de las maniobras de sus correligionarios y de la situación política general, crecientemente dominada por los elementos extremistas del republicanismo federal. El periodista Josep Pla cuenta en uno de sus libros que, poco antes de haber abandonado la presidencia de manera tan poco gloriosa, Figueras se reunió con un grupo de partidarios y adversarios suyos y les dijo solemnemente:

—Señores, estoy hasta los cojones de todos *nosotros*.

Las decepciones de Pi y Margall

En 1874, pocos meses después del fin de la Primera República, su inspirador y segundo presidente, don Francisco Pi y Margall, describía las decepciones que le había proporcionado el ejercicio del poder:

«Han sido tantas mis amarguras en el poder, que no puedo codiciarlo. He perdido en el gobierno mi tranquilidad, mi reposo, mis ilusiones, mi confianza en los hombres, que constituía el fondo de mi carácter. Por cada hombre leal he encontrado diez traidores; por cada hombre agradecido, cien ingratos; por cada hombre desinteresado y patriótico, cientos que no buscaban en la política sino la satisfacción de sus apetitos. He recibido mal por bien...»

Don Nicolás Salmerón

A don Nicolás se le define como hombre ascético que consideraba el republicanismo más como una religión que como un credo político. Su oratoria era demoledora. Don Francisco Silvela, con su cáustico humor, decía que Salmerón, en sus discursos, sólo usaba una arma: la artillería. Y don Antonio Maura caracterizaba el tono profesoral de don Nicolás diciendo que «siempre parece que esté dirigiéndose a los metafísicos de Albacete». El mayor timbre de gloria del que fuera tercer presidente de la Primera República española figura inscrito en la piedra de su mausoleo del cementerio civil de Madrid: «Abandonó el poder por no firmar una sentencia de muerte.»

La buenaventura

Cuentan los biógrafos de Castelar que cuando el futuro gran orador que llegó a ser presidente de la Primera República tenía diez años de edad, una gitana le anunció:

—Por tu salud te lo juro, hijo mío, que has de ser rey o padre santo o algo como eso.

La popularidad de Castelar

Los admiradores de don Emilio Castelar llegaban a extremos disparatados para expresar sus sentimientos. Hubo uno tan devoto del gran orador que tuvo cuatro hijos y a los cuatro les bautizó con el nombre de Emilio. Los distinguía por orden cronológico: Emilio I, Emilio II, Emilio III...

Para sostener a la República

Durante el año corto que duró la Primera República española fueron constantes los desórdenes públicos, motines y sublevaciones militares que se produjeron. Cuando don Emilio Castelar se hizo cargo del Poder Ejecutivo dijo en un debate del Congreso:

—Para sostener esta forma de gobierno necesito mucha infantería, mucha caballería, mucha artillería, mucha Guardia Civil y muchos carabineros.

Faltaba ya poco para que, en la noche del 3 al 4 de enero de 1874, los enviados del capitán general de Madrid, Pavía, entraran en el palacio de la Carrera de San Jerónimo y disolvieran las Cortes republicanas.

¿Da prestigio ser ministro?

Cuando se proclamó en España la Primera República, don Emilio Castelar recibió una carta de Victor Hugo que le reprochaba haber creado un régimen demasiado conservador y le anunciaba que él llegaría a ser en España lo que fue Lamartine en Francia. «Vea como yo, a mis años, conservo la popularidad», terminaba diciendo Victor Hugo.

Castelar contestó con otra carta, diciéndole al poeta:

«Conserva usted, en efecto, la popularidad que Lamartine perdiera en su gobierno y que yo estoy perdiendo en el mío. ¿Y sabe usted por qué la conserva? Porque no ha sido usted ministro.»

Eugenia de Montijo

Cuentan que cuando Napoleón III conoció a Eugenia de Montijo quiso conquistarla y, en una fiesta, mientras la galanteaba, le preguntó:

—¿Por dónde se va a su habitación?

Eugenia respondió:
—Por la iglesia.

La favorita

Después de la inauguración del canal de Suez, la emperatriz Eugenia, esposa de Napoleón III, visitó la corte de Estambul. Fue recibida por el sultán Abdel Aziz, quien la hizo objeto de toda clase de atenciones. Visitó también el harén y le presentaron a una bella circasiana que, en aquel momento, era la favorita del sultán. Según Eugenia de Montijo contó después, a la circasiana no le sentaron bien las atenciones que su señor le dedicaba a la emperatriz de los franceses. Cuando se quedaron solas las dos mujeres, la favorita del sultán dio a su majestad una sonora bofetada. Eugenia se echó a reír, evitando así un desagradable incidente.

Recién pintado

Paseaba un día Eugenia de Montijo por los jardines de las Tullerías cuando vio a un soldado que montaba la guardia junto a un banco de madera. La emperatriz se extrañó un poco al verlo, y más cuando al día siguiente volvió a ver a un guardia junto al banco. Preguntó la razón. Los servicios de la casa imperial se pusieron a investigar revisando los archivos y consultando viejos boletines. Al fin se supo que, en tiempos de Napoleón I, se había mandado pintar un banco de madera del jardín y que, para evitar que las damas de la emperatriz Josefina se mancharan con la pintura, se mandó poner un guardia junto al banco. El hecho de que la pintura se secara a los tres o cuatro días no interrumpió la «tradición» de poner un guardia junto al banco. Así lo hicieron durante años hasta que Eugenia de Montijo puso fin a la absurda rutina.

Un rey amable

Guillermo I de Prusia, que fue coronado en 1861, fue un rey que tenía a gala mostrarse muy amable con sus súbditos. Un día, paseando por un parque vestido de paisano, se encontró con un señor y quiso hablar con él:

—¿Qué eres tú, amigo?

—Juez de distrito —dijo el otro.

—¿Y estás contento con tu cargo? —siguió preguntándole el rey.

—Sí, claro.

—Bien, pues te felicito —terminó el rey, dándole una palmada en el hombro.

El otro quiso pagarle con la misma moneda:

—Y tú, amigo, ¿qué eres? —le preguntó.

—Rey de Prusia.

Sin inmutarse, el juez siguió preguntando:

—¿Y estás contento con tu cargo?

—Sí, claro.

—Bien, pues te felicito —terminó diciendo el juez mientras le daba al rey una palmada en el hombro.

Guillermo I se había encontrado con un hombre que era tan demócrata como él.

Dios, condecorado

Del hijo del káiser Guillermo se cuenta una divertida anécdota. Una noche estaba con una señorita norteamericana en los jardines de su palacio contemplando el cielo estrellado. La muchacha le preguntó cómo se llamaba una estrella muy brillante que se veía sobre el horizonte. El príncipe le dijo:

—No sé exactamente. Debe de ser una nueva condecoración que mi padre ha impuesto a Dios Nuestro Señor.

Para perder batallas me basto yo

El archiduque Fernando heredó el trono de Austria de su padre Francisco I. Tenía, sin embargo, una salud delicada y como los problemas eran muchos y había que hacer importantes reformas de gobierno después del fracaso de la Santa Alianza, para seguir la tendencia liberal, Fernando I decidió abdicar en favor de su sobrino Francisco José.

A pesar de su mala salud, Fernando vivió hasta los ochenta y dos años y tuvo ocasión de comprobar la interminable serie de derrotas que sufrió su sobrino y las tierras de su Imperio que perdió. Comentando estos acontecimientos, el ex emperador le dijo a uno de sus consejeros.

—Para perder batallas y territorios me bastaba yo.

Constancia

A mediados del siglo pasado, el señor Brassier de Saint Simon era ministro plenipotenciario del rey de Prusia en Turín. Según cuenta un diplomático español que se encontraba por entonces en la ciudad como representante ante la corte piamontesa, el alemán estaba totalmente decidido a que su rey le hiciera conde. Y en todos sus despachos dirigidos al monarca firmaba de la siguiente manera: «Brassier de Saint Simon, que debería ser conde.» Su constancia le valió el título.

El rey reina pero no gobierna

El principio del constitucionalismo según el cual el rey reina pero no gobierna lo entendía de forma peculiar el rey Leopoldo II de Bélgica. El monarca, que no se metía en política, solía decir:

—Todas las mañanas recibo al jefe del gobierno y le pregunto si tiene mayoría en el Congreso y en el Senado. Si me dice que sí, me voy de paseo. Si me dice que no, le mando a paseo a él.

El rey Luis, aburrido

El rey Luis I de Baviera visitaba la Exposición Universal de París de 1867. Mientras contemplaba uno de los pabellones, Napoleón III, siguiendo la etiqueta, le dijo:

—¿Vuestra majestad me permite que le presente a mis ministros?

El rey de Baviera le contestó:

—No, por favor, eso me aburre.

Es la primera vez

El 19 de junio de 1867 fueron ejecutados en el cerro de las Campanas de la ciudad de Querétaro, en México, el emperador Maximiliano y dos de sus ayudantes, el criollo Miguel Marimón, gran mariscal del ejército y el indio Tomás Mejía. Uno de los miembros del consejo de guerra que los juzgó trató de facilitar la huida a este último pero, fiel al emperador, Mejía prefirió morir con el desgraciado Maximiliano.

Cuando estaban en el cerro rodeados de soldados, oyeron un toque de corneta y el emperador preguntó a Tomás:

—¿Es ésta la señal de la ejecución?

Mejía respondió:

—No lo sé, majestad. Es la primera vez que me ejecutan.

El loco Sarmiento

Don Domingo Faustino Sarmiento, que fue presidente de Argentina a mediados del pasado siglo, tuvo durante toda su vida política la obsesión de la educación popular. «Tened escuelas y no tendréis revoluciones», era su lema. Visitó varios países de Europa para estudiar lo que allí se hacía en materia de educación y, al regresar a su país, elevó el presupuesto de las escuelas de Buenos Aires de tres mil a seiscientos mil pesos. Luego creó una Escuela Modelo y extendió la instrucción pública a todo el país.

Por esta razón, sus adversarios políticos empezaron a llamarle «el loco Sarmiento». Y luego, hasta sus amigos le aplicaron cariñosamente este apelativo. Un día, siendo presidente, don Domingo visitó el manicomio municipal de Buenos Aires. Nada más entrar, uno de los locos se adelantó hacia él y le dijo:

—¡Caramba, Sarmiento! ¡Por fin le han traído a usted aquí...!

La tiara

Un día le explicaban a Bismarck el simbolismo de la tiara papal, cuyas tres coronas corresponden a los reinos del Infierno de la Tierra y del Cielo. El canciller se echó a reír:

—Decidle al papa que se guarde el Cielo y los Infiernos pero que la Tierra es para mí.

Bismarck y Disraeli

Disraeli visitó en una ocasión al príncipe de Bismarck y comenzaron a charlar acerca de las servidumbres del poder. El inglés le preguntó al alemán cómo se las arreglaba para desembarazarse de los importunos que constantemente asedian a los gobernantes. El Canciller de Hierro contestó:

—De eso se ocupa mi mujer, que tiene un golpe de vista admirable. Se da cuenta en seguida de las personas cuya presencia me molesta y entonces me envía un recado diciéndome que me esperan en palacio.

Disraeli encontró muy ingenioso el procedimiento pero, en aquel mismo momento, se abrió la puerta del salón y apareció un criado que le dijo a Bismarck:

—Su majestad desea hablar con su alteza.

Médico o veterinario

El doctor Scheveninger era el médico del canciller Bismarck. Al parecer, Bismarck contestaba de mala gana a las preguntas que le hacía el médico. Un día, quizá porque se sentía especialmente mal, no quiso responder a ninguna de ellas. El médico le dijo:

—En este caso, es mejor que consultéis con un veterinario.

El Canciller de Hierro se enfureció y le preguntó por qué:

—Los veterinarios nunca hacen preguntas a sus pacientes —dijo Scheveninger.

Bismarck cazador

Emil Ludwig, en su biografía del canciller alemán, refiere que cuando un semanario satírico sacó a Bismarck en traje de cazador, el Canciller de Hierro, como se le llamaba, se puso como una fiera.

Uno de sus consejeros le recomendó que se lo tomara a broma y Bismarck dijo:

—¡En mi política pueden atacarme todo lo que quieran, pero en lo que se refiere a la caza no admito bromas!

Cuando el zar habla...

Franz Liszt estaba dando un concierto ante el zar de Rusia. Éste no dejaba de charlar con un cortesano que estaba a su lado. El músico interrumpió el recital y el zar le preguntó: «¿Por qué ha dejado de tocar?» Liszt replicó sin perder los nervios: «Cuando Su Majestad Imperial habla, todo el mundo debe callarse.»

Sainte-Beuve

En una ocasión preguntaron a Sainte-Beuve, famoso crítico y ensayista francés del pasado siglo, si le gustaría que le diesen la Legión de Honor. «He pasado mucho tiempo deseándola —dijo el crítico—, pero ahora ya no me interesa.»

Su interlocutor le preguntó por qué y Sainte-Beuve dijo:

—Ahora ya sé que la merezco.

Condecoraciones

Decía Humberto I, rey de Italia, que «una condecoración y un cigarrillo no se le niega a nadie».

El marqués de Verdi

Humberto I de Italia quiso hacer marqués a Giuseppe Verdi. Y no sólo por su importancia como músico sino también porque había servido a la causa de la unidad de la patria italiana. Se decía por entonces que, cuando se vitoreaba a Verdi, se daban vivas al rey porque el nombre del músico resultaba ser el anagrama de la frase «*Viva Vittorio Emmanuele Re d'Italia!*». Pero Verdi era un hombre modesto y al enterarse de que el rey quería darle el marquesado exclamó:

—¿Qué diría la nobleza si viera a un marqués dirigiendo la orquesta en mangas de camisa?

El canto del gallo

El político norteamericano Henry Ward Beecher pronunciaba un día un discurso en un mitin cuando uno de los presentes, adversario suyo, imitó el canto del gallo con tal perfección que toda la concurrencia se puso a reír.

Beecher, sin desconcertarse, esperó a que cesaran las risas y sacando el reloj dijo:

—Qué extraño. Mi reloj marca las diez de la noche pero debe de andar mal. Tiene que ser de día, porque los animales de corral nunca se equivocan de hora.

El luto real

La reina Victoria de Inglaterra había vestido de negro desde la muerte de su esposo, el príncipe Alberto. Pero cuando se sintió morir prohibió que se empleara este color en el luto de la Corte. Dispuso que se la amortajara de blanco y que el trayecto del recorrido de su entierro se engalanara de rojo púrpura.

Decía que su muerte no era un motivo de tristeza sino de alegría porque iba a reunirse con su esposo. Eduardo VII, hijo de Victoria, cumplió lo que se le ordenaba y se agotaron en Gran Bretaña las existencias de telas rojas.

El ministerio de los «quién, quién»

En 1852, la reina Victoria llamó a lord Derby a formar gobierno. El Partido Conservador tenía entonces muy pocos políticos con la experiencia suficiente para ser ministros y el premier tuvo que nombrar un ministerio de principiantes. En el gabinete estaba Benjamin Disraeli como canciller del Exchequer, equivalente a ministro de Hacienda. En la biografía de este último, André Maurois cuenta que, cuando el viejo lord Wellington, que entonces estaba ya un poco sordo, pidió que le dijeran los nombres de los ministros, iba repitiendo cada vez: «¿Quién? ¿Quién?» Y de ahí le vino el nombre al gobierno de lord Derby.

Disraeli y Gladstone

Durante un debate en el Parlamento, el jefe tory Benjamin Disraeli citó una frase que Gladstone había pronunciado en un discurso unos meses antes.

—¡En mi vida he dicho semejante cosa! —gritó el jefe liberal.

Entonces Disraeli guardó silencio durante dos minutos y después repitió palabra por palabra el discurso de su adversario al que había hecho alusión, recalcando la frase que dio lugar al incidente.

Aclamaciones populares

La revolución llamada «La Gloriosa» desterró a Isabel II. Seis años después, la Restauración, preparada por Cánovas y acelerada por el pronunciamiento del general Martínez Campos bajo un algarrobo de Sagunto, permitió el regreso del hijo de la reina, Alfonso XII, al trono de España. El día en que el rey entró en Madrid, tuvo un recibimiento triunfal. Viendo el entusiasmo con que le vitoreaba un hombre del pueblo que seguía al coche real, Alfonso le dijo:

—Bien grita usted.

El hombre dejó de aclamarle y contestó:

—Pues si hubiera usted oído lo que grité cuando echamos a la madre de vuestra majestad...

Buena carrera

El general Moriones procedía del campo republicano y había sido revolucionario en la época de «La Gloriosa». Años más tarde fue recibido por Alfonso XII y le dijo al rey:

—Señor, yo no puedo ocultar a vuestra majestad que hice toda mi carrera en la revolución.

Don Alfonso, que conocía muy bien los antecedentes del general, le preguntó:

—¿Qué era usted en 1868?

—Capitán, señor —contestó Moriones.

—Pues, poca carrera ha hecho usted —dijo Alfonso XII—, sobre todo comparándola con la mía. Yo en 1868 era soldado raso y ahora me encuentro de capitán general.

Los ángeles no se discuten

Se debatía en las Cortes el matrimonio del rey don Alfonso XII con la hija del duque de Montpensier, María de las Mercedes. El diputado don Claudio Moyano combatía el proyectado enlace porque la novia era hija de una de las personas que más habían contribuido al destronamiento de los Borbones. Don Claudio, sin embargo, se allanó a los argumentos en favor de la boda con una frase que ha pasado a la historia. Aludiendo a María de las Mercedes dijo:

—La princesa es un ángel y los ángeles no se discuten.

Un ascenso

Durante la campaña contra los carlistas, don Alfonso XII visitaba un hospital militar. Se acercó a la cama de un teniente y le preguntó:

—¿Qué tal, capitán?

El enfermo se incorporó y dijo:

—Soy teniente, señor...

El rey no rectificó:

—¡He dicho capitán!

Lagartijo

El rey Alfonso XII asistió a una corrida en la que toreaban Frascuelo y Lagartijo. Ambos lidiadores le brindaron un toro. El rey les mandó llamar al palco y les dijo que, como su asistencia a la corrida se había decidido en el último momento, no sabía que iban a brindarle los toros y no traía regalo alguno que ofrecer a los lidiadores, como era costumbre. Lagartijo replicó:

—Conmigo está Su Majestad cumplío.

Un rey ferroviario

Don Alfonso XII visitó Berlín para cumplimentar al káiser y en su numeroso séquito había varios periodistas. Cuando fue despedido en la estación berlinesa, el rey se dio cuenta de que los periodistas estaban distraídos tomando apuntes y temió que se quedaran en tierra, porque sabía que en Alemania no era costumbre anunciar la salida del tren con toques de campana. Sin dejar de hablar con el káiser, don Alfonso gritó con voz lo bastante alta para que lo oyeran los periodistas:

—¡Señores viajeros, al tren!

La debilidad de escribir

Don Alfonso XII hablaba un día con Cánovas de un clérigo que acababa de publicar una obra sobre las monarquías medievales de España:

—Me han dicho que el libro es extraordinario —dijo el rey.

Cánovas no abrió la boca y don Alfonso acabó por preguntarle:

—A usted ¿qué le parece?

Don Antonio replicó:

—Yo lo tenía por sabio, pero desde que el buen señor ha tenido la debilidad de escribir he rectificado por completo mi juicio.

Un compañero de don Alfonso

Es muy famosa la anécdota de don Alfonso XII, que era aficionado a salir a dar una vuelta por el Madrid nocturno. Una noche, el rey entabló conversación en alguna taberna con uno que llevaba ya una copa de más. Cuando don Alfonso se volvió a casa, el hombre le acompañó. Y al llegar al portalón que da a la Plaza de Oriente, el monarca se despidió:

—Buenas noches. Alfonso XII, rey de España. Palacio Real, Madrid.

El otro no se arredró. Dijo:

—León XIII, El Vaticano, Roma.

Escasez de reyes

Durante la guerra carlista viajaba el Pretendiente por la provincia de Navarra. Se detuvo a comer en un caserío y pidió un par de huevos fritos. Cuando acabó de comer preguntó cuánto era y la dueña del establecimiento le pidió una cantidad que entonces era mucho para tan poca comida:

—Veinte reales.

Don Carlos pagó sin regatear el precio que le pedían pero no pudo por menos que decir:

—Parece que aquí andan escasas las gallinas.

La dueña replicó:

—No lo crea, señor. Aquí lo que escasean son los reyes.

La guerra carlista

Don Antonio Cánovas del Castillo adivinó por la actitud de unos sacerdotes el momento en que estallaba la tercera guerra carlista. Él veraneaba en el balneario de Santa Águeda y, estando en la plaza Aramayona del pueblo, vio salir a unos mozos que abandonaban las faenas del campo y se concentraban a la salida del pueblo. Al mismo tiempo, Cánovas comprobó que dos o tres sacerdotes salían al balcón de la Casa Consistorial sin decir nada pero revelando por su actitud que aprobaban la concentración. «Me bastó presenciar aquella escena —decía más tarde Cánovas— para comprender que la guerra civil había estallado. Y aunque al hablar de esto en San Sebastián, don José de la Concha y otros generales se rieron de mis temores, transcurrió poco tiempo para que yo me riera de su incredulidad.»

Vanidad justificada

Don Antonio Cánovas era hombre de talento. No hubo nadie más influyente que él en la política española del último tercio del siglo XIX. Pero, además, se vanagloriaba de sus méritos, añadiendo siempre a sus comentarios un punto de ironía. Decía por ejemplo:

—Será cosa de alquilar balcones para ver lo que pasa cuando yo me muera.

Cánovas y los grandes de España

En una fiesta en palacio, don Antonio trató con cierta displicencia a un aristócrata. Éste le advirtió que era grande de España. Cánovas replicó:

—Y yo soy quien los hace.

La maledicencia según Cánovas

Un día le dijeron a Cánovas que un correligionario suyo hablaba mal de él. Comentó don Antonio:

—Qué raro. Nunca le he hecho ningún favor.

La calumnia

Una señora le preguntaba en una ocasión a Cánovas del Castillo si conocía algún medio para evitar la calumnia. Con su acostumbrado cinismo conservador, don Antonio respondió:

—Hay uno muy sencillo. Hacer lo que dicen que hacemos.

Un sabio tonto

De uno de los gobiernos de Cánovas formó parte un hombre que había cursado varias carreras y que tenía fama de sabio. Al poco tiempo, don Antonio se dio cuenta de que no servía para el ministerio que le había encomendado y aprovechó una reorganización para dejarle fuera del gabinete. Un amigo le preguntó a Cánovas la razón de que hubiese prescindido de aquel hombre tan sabio. Don Antonio dijo:

—Es un tonto adulterado por el estudio.

La crisis del balcón

El general Polavieja, vencedor en varias batallas durante la guerra de Filipinas, fue destituido por Cánovas del mando de las islas. Cuando volvió a España, quiso organizar un nuevo partido moderado al que se adhirieron varios grupos políticos que dieron a Polavieja en Madrid un recibimiento triunfal.

Cuando la comitiva pasó frente al palacio real, la reina Cristina se asomó al balcón para saludar a Polavieja. Cánovas tomó este rasgo de la reina por un desaire a su persona y declaró la crisis de gobierno que se conoció como «crisis del balcón».

Cánovas en París

Cánovas del Castillo, en uno de sus viajes a París, fue invitado a un almuerzo por el duque de Aumale. La conversación recayó sobre los últimos acontecimientos europeos de los años setenta del siglo: la caída de la monarquía en Francia y la Restauración en España. Cánovas dijo al duque:

—*En France on a fait la république avec des monarchistes; en Espagne moi j'ai fait la monarchie avec des républicains.*

Al duque de Aumale no se le escapó la diferencia que Cánovas había introducido al decir, en el caso de Francia, «se ha hecho una república con monárquicos»; y, en el caso de España, «yo he hecho una monarquía con republicanos».

Una piedra de recuerdo

Cánovas del Castillo se casó a los cincuenta y ocho años de edad con una joven aristócrata, doña Joaquina de Osma. A su regreso del viaje de novios fue recibido en la estación de Madrid con manifestaciones hostiles por parte del público. Cánovas creyó que los inspiradores de lo ocurrido habían sido los dirigentes liberales y especialmente Moret. Romanones considera en uno de sus libros que esta suposición carecía de fundamento pero dice que Cánovas guardaba en su casa una piedra de las que le arrojaron aquel día en la estación y en la que habían sido grabadas las palabras: «Recuerdo de don Segismundo Moret.»

La viuda de Cánovas

Doña Joaquina de Osma, esposa de Cánovas del Castillo, mantenía una rivalidad con la reina regente, María Cristina. Cuando fue asesinado el político español, la reina concedió a su viuda un título ducal. Esto pareció borrar las diferencias que existían entre ambas damas. Pero la rivalidad no cesó y encontró reflejo en la prensa escrita. *El Imparcial* tomó partido por doña Cristina y *El Nacional*, por la viuda de Cánovas. Este último periódico decía que doña Joaquina no tenía nada que agradecer a la regente porque si ésta la había hecho duquesa, su difunto esposo la había hecho a ella reina. Algunas personalidades de la época intervinieron, si no para terminar con la rivalidad, al menos para evitar que los periódicos se ocuparan de ella.

La casa de Sagasta

La casa de Sagasta siempre estaba abierta para todo el mundo. A menudo iban a visitarle admiradores suyos a quienes él no conocía. E incluso personas que le conocían de nombre pero luego confundían al político con personas que se encontraban en su casa. La mesa de don Práxedes se parecía también a la de una fonda. No se sentaban en ella sólo los invitados sino otros que se invitaban a sí mismos. Un periodista de la época, por ejemplo, iba a comer casi todos los días a casa del jefe liberal amparándose en que éste creía que había sido invitado por su esposa, Angelita, mientras que ella suponía que le había invitado Sagasta. Le descubrieron pero se tomaron la cosa a broma y el periodista continuó almorzando en casa de don Práxedes.

Pronunciamiento inoportuno

En agosto de 1883 dos regimientos de Badajoz, uno de La Rioja y otro de La Seo de Urgel se sublevaron con la intención de proclamar la república. A las cuatro de la madrugada un secretario despertó al jefe del gobierno, Sagasta, para comunicarle tan malas noticias. Don Práxedes dijo rascándose la barba:

—Pero, hombre. ¡A estas horas!

Prensa y política

El diario *El Imparcial* atacaba sistemáticamente a don Práxedes Mateo Sagasta cuando éste presidía el Consejo de ministros a fines de siglo. Hallándose Sagasta en San Sebastián, una mañana fue a dar un paseo por la Concha y se encontró con un grupo de periodistas que le preguntaron:

—¿Qué hay de nuevo, señor presidente?

Sagasta replicó:

—No sé nada. Todavía no he leído *El Imparcial.*

La crisis de la corazonada

El gobierno de Sagasta decidió destituir al general Dabán del alto mando de la isla de Cuba por haberse opuesto a determinadas reformas. El general Martínez Campos salió en su defensa en el Senado, pronunciando un discurso que terminaba con estas palabras:

—No comprendo cómo el gobierno se muestra tan riguroso hallándose próxima la crisis.

Nadie esperaba la caída del gabinete y los senadores y algunos periodistas también, se atrevieron a preguntar al general Martínez Campos qué motivos tenía para suponer que habría crisis. Don Arsenio replicó:

—Me lo da el corazón.

El gobierno dimitió y esto se conoció como la crisis de la corazonada.

El indulto de Villacampa

En 1886 se sublevó el general Villacampa con el propósito de instaurar la república. Gobernaba Sagasta y una vez que el general fue condenado a muerte se planteó en el Consejo de ministros la posibilidad del indulto. El general Jovellar y don Germán Gamazo eran partidarios del fusilamiento. Sagasta dudaba pero estaba inclinado al indulto. Dos diputados republicanos, don Gumersindo de Azcárate y don Nicolás Salmerón, fueron a ver al subsecretario de la Presidencia, don Francisco Cañamaque, el cual les dijo que Villacampa iba a ser indultado.

El episodio es muy revelador del carácter y de la manera de proceder de don Práxedes. A través de Cañamaque, lanzó el rumor del indulto, que fue acogido con júbilo en toda España. Cuando los ministros partidarios de que Villacampa fuese fusilado mostraron al presidente su disgusto, Sagasta dijo:

—Ha sido una equivocación de Cañamaque. Y el caso es que ha tenido tan buen acogida que ya no podemos fusilar a Villacampa.

Solución bananera

Cánovas, enfrentado con Silvela, tuvo que sufrir a comienzos de la década de los noventa del pasado siglo la ruptura del partido conservador. La crisis llegó a un extremo insufrible para el jefe del gobierno el día en que Silvela pronunció en el Parlamento el discurso en el que reconoció su deber de «soportar» al gobierno. Fue cuando Cánovas replicó que a él no necesitaba soportarle nadie y dimitió de la presidencia del Consejo de ministros.

Aquella tarde, varios amigos del presidente se reunieron en su casa para una de aquellas tertulias de La Huerta que fueron proverbiales en la época. Entre ellos estaba la viuda del general Rufino Barrios, el dictador de Guatemala que había invadido el territorio salvadoreño para extender su dictadura a toda Centroamérica. En plena conversación, mientras los amigos de Cánovas despotricaban contra su adversario político, la señora de Barrios, pensando que estaba en Guatemala, preguntó:

—Pero, ¿por qué, don Antonio, no fusila a ese Silvela?

Silvela y Romero Robledo

La enemistad que se profesaban Silvela y Romero Robledo produjo la crisis del partido conservador. Los dos políticos apenas se hablaban pero, una noche, se encontraron en una tertulia de amigos comunes. Se hablaba precisamente de las rivalidades que había entre Sagasta y Gamazo, Pi y Margall y Castelar o Moret y Canalejas. En un cierto momento, Silvela le preguntó a Romero Robledo en tono de broma:

—¿Qué piensa usted de mí?

Romero contestó:

—Exactamente lo mismo que usted piensa de mí.

Los barberos de Antequera

Don Francisco Romero Robledo, político de la Restauración que fue llamado «el pollo de Antequera» por ser gran muñidor electoral y hacer política de amiguismo, tenía fama de mover todas sus influencias para favorecer a sus paisanos. En una ocasión, cuando Romero era ministro de Fomento y tenía las competencias de Instrucción Pública, alguien propuso en una tertulia que el nombramiento de los catedráticos fuera iniciativa del ministro. Según contó después don Miguel de Unamuno, que estaba presente en aquella conversación, uno de los contertulios contestó a esta propuesta diciendo:

—Pero, ¿ustedes creen que si los nombramientos los hiciera el ministro no serían catedráticos de Medicina todos los barberos de Antequera?

Romero y Lagartijo

Don Francisco Romero Robledo, el político de la Restauración, era un gran aficionado a los toros. Siendo ministro de la Gobernación, visitó Córdoba y en la estación se concentraron todas las autoridades para recibir al ministro: el gobernador, el alcalde, el presidente de la Audiencia, el obispo de la diócesis. También acudió un gran amigo suyo, el torero Rafael Molina, *Lagartijo*. Al llegar el tren, el ministro vio a su amigo y se adelantó a darle un abrazo olvidándose de los elementos oficiales que le esperaban en la estación. La conversación se prolongó y el obispo abandonó la estación sin esperar a saludar al desconsiderado ministro. Romero se enteró de la reacción del prelado y les dijo a sus colaboradores:

—No me importa que se disguste porque yo hago un obispo de un plumazo si quiero, pero no puedo hacer un Lagartijo.

Sesión parlamentaria en verso

Don Adelardo López de Ayala fue a la vez dramaturgo y político. Cuando, en febrero de 1878, fue elegido presidente del Congreso de los Diputados, se rumoreaba en la Cámara que don Adelardo escribía versos durante la sesión. Algo debió de haber de verdad en ello porque estrenó su obra *Consuelo* a fines de marzo del mismo año. Sin darse cuenta, Ayala contestaba a los diputados en verso, diciéndole a uno por ejemplo:

Con tan franca explicación,
queda el agravio deshecho.

El diputado que se había sentido ofendido cogió el ritmo y el consonante y dijo:

Yo me doy por satisfecho.

El presidente completó la redondilla:

Se levanta la sesión.

Sublevación espiritista

En el año de 1883 se sublevó la guarnición de la Seo de Urgel. Al frente de los sublevados estaba el coronel don Francisco Fontcuberta. Según se supo después, este señor era espiritista. Antes de sublevarse recibió el aviso de que había fracasado un alzamiento paralelo en Badajoz. Pero el coronel convocó al espíritu del general Prim, el cual le dijo que siguiera adelante con la sublevación, prometiéndole el triunfo. El mismo Fontcuberta contó todo esto, muy extrañado de que Prim hubiese cometido una equivocación después de muerto.

Los pavos de Manuel Becerra

A don José Canalejas le gustaba gastar bromas a los amigos. Así lo hizo con don Manuel Becerra cuando, en 1888, coincidieron ambos en un gabinete liberal presidido por Sagasta. Charlando un día don José con la camarera mayor de la reina Cristina, duquesa de Medina de las Torres, salió Becerra a la conversación y la duquesa le tachó de «republicanote». Canalejas le dijo que don Manuel era monárquico y además hombre muy rico. Y entonces se le ocurrió decir que tenía tan gran fortuna porque poseía una granja de pavos en Galicia de la que procedían todos los que se vendían en Madrid en las Navidades.

La duquesa quedó asombrada y Canalejas llevó más lejos la broma. Cuando llegaron las fiestas mandó comprar un par de pavos y se los envió a la dama de la reina. Ella se encontró en una recepción con don Manuel Becerra y le dio las gracias. «Son riquísimos y si todos son iguales a éstos, comprendo muy bien que venda usted tantos miles de pavos en Madrid», dijo. El ministro no quiso desmentirlo sino que le preguntó a la duquesa quién se lo había dicho. «Canalejas», respondió ella. Don

Manuel se fue entonces a ver a su compañero, que le recibió muerto de risa. A Becerra se le pasó pronto el enfado y acabó diciendo que no le molestaba en absoluto que en palacio le consideraran millonario de pavos.

El traje de la infanta

Con ocasión del cuarto centenario del descubrimiento de América, se celebró en Chicago una Exposición Universal. El gobierno español envió una embajada extraordinaria que antes de llegar a Estados Unidos debía pasar por Cuba. Como representante de la familia real española fue designada la infanta Eulalia. Ella misma cuenta en sus *Memorias* la graciosa anécdota que sucedió cuando la embajada llegó a La Habana. La infanta vistió ese día un traje azul celeste con bordados blancos y una cinta de terciopelo rojo rodeando el cuello.

—Al presentarme en cubierta —cuenta la infanta—, una exclamación del capitán del buque me dejó estupefacta. Me dijo que no podía desembarcar vestida de aquella manera porque llevaba los colores de la bandera de los insurrectos cubanos.

Por más que le insistieron, doña Eulalia no quiso cambiarse de traje y les dijo a los que se lo pedían:

—¿Qué quieren ustedes, que baje a tierra vestida de rojo y amarillo porque ésos son los colores de España?

Y termina diciendo:

—Desembarqué con el traje «insurrecto» y crucé entre aclamaciones, aplausos, cañonazos y música, mientras los cubanos alzaban sus gritos jubilosos y mis compatriotas, desconcertados, se preguntaban qué era aquello.

Doña Virtudes

El pueblo de Madrid llamaba doña Virtudes a la reina regente doña María Cristina de Habsburgo Lorena, madre de Alfonso XIII. Sus costumbres eran en efecto el reverso de lo que habían sido las de Isabel II, su suegra, antes de que fuera obligada a marchar al exilio por la revolución llamada «La Gloriosa». La regente era una mujer de moral muy rígida, de creencias religiosas muy arraigadas y fiel cumplidora del protocolo. El conde de Romanones, su biógrafo, dice que «recibía a los ministros de dos en dos, como la Guardia Civil». Elegía a sus damas de honor a su imagen y semejanza y, como decía otro escritor, una credencial de dama de la reina equivalía a un certificado de virtud. Se cuenta que en una ocasión le preguntaron a un embajador del sultán de Marruecos, Sidi Brisha, qué le parecía la corte de España y él exclamó:

—Oh, todo magnífico. Pero el harén es flojito.

«¿Quién mató a Meco?»

Por el Tratado de París de 10 de diciembre de 1898, España perdió los restos de su imperio colonial.

Tuvo que ceder Cuba, Puerto Rico, Filipinas y la isla de Guam, en el Pacífico. Don Eugenio Montero Ríos, político liberal y gran jurista, fue designado por el presidente del Consejo, Sagasta, para negociar con los representantes de Estados Unidos. Desde el comienzo se vio que éstos no querían que hubiera deliberaciones sino simple acatamiento a un dictado. Montero Ríos propuso sustituir el Tratado por una acta en que constaran las exigencias de los americanos y la manifestación de España de que no podía oponerse a tales exigencias por falta de medios. Sagasta decidió aceptar las imposiciones de Estados Unidos pero en su conjunto y sin entrar a discutir ninguna de sus partes, «todas igualmente injustas». En España se culpó a Sagasta y a Montero Ríos del desastroso fin del imperio. Don Eugenio contestó por medio de un artículo en *El Liberal* empleando un recurso metafórico: «En una aldea de mi tierra —decía—, mataron a un sujeto que se llamaba Meco. La justicia andaba desesperada buscando al asesino y el juzgado metió en la cárcel a todos los varones. Fue sacándoles uno a uno y les preguntaba: "¿Quién mató a Meco?" "... Matámoslo todos", respondían ellos.»

Por ser hija de mamá

El periodista Bonafoux contaba que, en una ocasión, fue a visitar a la infanta Eulalia, hija de Isabel II, en su casa de París, de parte de un militar amigo suyo. Bonafoux se apresuró a decirle a doña Eulalia, por si no lo sabía, que la visitaba por encargo de su amigo y no porque albergara ninguna clase de sentimiento monárquico, ya que era un revolucionario. La infanta, una mujer muy ocurrente, como puede verse en sus célebres *Memorias*, le dijo al periodista:

—Sí, ya lo sé. Y le advierto que yo pensaría como usted si no fuera hija de mamá.

Las palmeras del alcalde

Cuando don Francisco de Paula Rius y Taulet, alcalde de Barcelona, proyectó el emplazamiento de la estatua de Colón, mandó abrir un paseo a partir del monumento que debía ir adornado con palmeras. El paseo arbolado todavía puede verse, pero, cuando el alcalde lo proyectó, la gente empezó a darle el nombre de «paseo de las escobas» y los concejales del Ayuntamiento le preguntaban continuamente a don Francisco si las palmeras arraigarían.

El alcalde contestaba

—De que vivirán, no tengan ustedes duda. Lo que no puedo asegurarles es si darán dátiles...

Alarcón y las elecciones

Cuenta don Natalio Rivas en su *Anecdotario histórico* un episodio del que fue protagonista el escritor Pedro Antonio de Alarcón durante unas elecciones a diputados en Cortes. Alarcón, que ya era famoso entonces, había acudido a Albuñol, en la Alpujarra granadina, acompañando a un amigo suyo que era candidato en las elecciones de 1872. Un viaje, por cierto, del que salió su libro sobre la montañosa comarca. La ley electoral disponía entonces que el domingo antes de los comicios se reuniera en cada distrito una junta inspectora del censo electoral para elegir a los interventores de las mesas. Esta tarea requería mucho tiempo, especialmente cuando el acta era muy disputada, y no podía interrumpirse. En aquella ocasión, los miembros de la Junta trabajaron todo el día y toda la noche y aún no habían terminado. En la tarde del lunes, sabedores de que el famoso escritor estaba en el pueblo, le escribieron una décima pidiéndole que les invitara a merendar:

Los que suscriben están,
insigne vate Alarcón,
hambrientos por salchichón,
por tabaco, vino y pan.
Así pues, si no lo dan
abundante cual queremos,
de seguro nos comemos
aunque nos cause amargura,
toda la candidatura...
Y, después, no respondemos.

Alarcón les hizo enviar la merienda que pedían acompañada de otra décima:

Sin que esto sea soborno,
caballeros, allá van
vino, salchichón y pan
recién sacado del horno.

Sólo suplico en retorno,
presidente y secretarios
(hablo hasta con los contrarios),
que durante esta merienda
se olvide toda contienda
entre amigos y adversarios.

Cómo se perjudica a un político

Don Alberto Bosch, alcalde de Madrid a fines del pasado siglo, fue muy atacado por la prensa en algún momento de su mandato. En una ocasión, el periodista Leopoldo Romeo publicó en *La Correspondencia de España,* popularmente conocida como *La Corres,* un violentísimo artículo contra el alcalde. Al día siguiente éste le envió una caja de puros habanos con una tarjeta que decía:

«Los periodistas no perjudican a los políticos cuando los combaten sino cuando los olvidan.»

El puerto de Madrid

El marqués de Villa-Urrutia fue embajador de España en Turquía a fines del siglo pasado. A su llegada a Estambul fue a ver al gran visir, quien no hablaba ninguno de los idiomas que el marqués sabía. A través de un intérprete, el dignatario turco se mostró interesado por saber «en qué puerto de Madrid había embarcado para venir a Turquía». El embajador no perdió la compostura y contestó:

—En el Guadarrama.

El embajador habla extremeño

Cuenta don Pío Baroja en uno de sus libros la anécdota que le pasó a don Alejandro Groizard cuando fue a presentar las cartas credenciales como embajador en el Vaticano. León XIII le recibió acompañado de su secretario, el cardenal Rampolla. Éste le preguntó a Groizard en qué idioma hablaba. Resultó que el embajador no hablaba ni italiano, ni alemán, ni inglés, ni francés. El papa preguntó:

—Y, entonces, ¿qué idioma habla el embajador?

Rampolla sabía que Groizard había sido elegido senador por Badajoz. Y le dijo al Santo Padre:

—El embajador habla el dialecto extremeño.

Retratos dedicados

El popular escritor y político de fines del siglo XIX Eusebio Blasco era gran coleccionista de retratos dedicados. Las celebridades le ponían dedicatorias muy afectuosas y él mandaba enmarcar los retratos y los colgaba en el salón donde recibía a las visitas. En el centro de una de las paredes llenas de fotografías había una gran estampa de la virgen del Pilar, a la que Blasco, como aragonés que era, tenía mucha devoción.

Un amigo del escritor, el periodista Mariano de Cavia, fue un día a visitarle y, mientras le esperaba, viendo que faltaba la dedicatoria más importante, escribió al pie de la estampa: «Para mi querido amigo Eusebio. Pilar.»

La negativa de Cajal

En uno de sus gobiernos, don Segismundo Moret pensó en hacer ministro de Instrucción Pública a don Santiago Ramón y Cajal. Para convencerle, se trasladó al instituto donde el premio Nobel trabajaba y le ofreció formar parte del gobierno. Don Santiago exclamó:

—¿Ministro yo? Mire, don Segismundo, tengo mucho trabajo, no salgo de aquí, no voy siquiera al café. Le aseguro que no me queda tiempo para perderlo en tonterías.

La pensión de Ramón y Cajal

Cuando don Santiago Ramón y Cajal estaba ya a punto de jubilarse, varios diputados suscribieron en el Congreso una proposición para conceder al insigne hombre de ciencia una pensión de veinticinco mil pesetas anuales. El ministro de Hacienda, don Gabino Bugallal, se levantó para decir, en lo que sin duda no fue su mejor réplica:

—Conceder la pensión que sus señorías piden sentaría un funesto precedente.

Una broma de la corte celestial

Un embajador de China acreditado ante el gobierno de Madrid a comienzos de siglo traía como encargo principal del emperador la firma de un tratado de comercio con España. Visitó al ministro de Ultramar y le dijo que la firma de ese tratado era para él cuestión de vida o muerte. El ministro le respondió, muy a la española:

—¡Eso está hecho!

El embajador preguntó si podía comunicárselo a su gobierno y el ministro replicó:

—Repito, señor embajador, que eso está hecho.

El diplomático se marchó muy contento pero al ministro se le olvidó preparar el tratado. Al cabo de un mes recibió la visita del embajador, que venía nervioso e inquieto.

—¿Qué le pasa a usted? —le preguntó el ministro.

—Una cosa horrible. El emperador, a quien envié noticia de la inminente firma del tratado, cree que le gasté una broma y me envía un cordón para que me ahorque.

El ministro mandó que prepararan el tratado y comentó:

—Caramba, pues vaya bromas que se gastan en la corte celestial.

La flema inglesa

Lord Asquith uno de los grandes políticos británicos de fines del siglo XIX y principios del XX era un hombre que poseía en grado sumo esa virtud, o defecto según se mire, que se atribuye a los ingleses. En una ocasión, un periodista americano que le entrevistó le dijo al entonces primer ministro:

—Me han hablado de usted el presidente Wilson, el secretario de Estado de Estados Unidos y la señora Asquith.

El ministro exclamó:

—¡Ah, sí! ¿Y qué le ha dicho mi esposa?

Siendo Asquith ministro de la Gobernación se discutió en el Parlamento una ley sobre la huelga y con este motivo se produjo un choque entre huelguistas y policías del que resultaron muertos varios obreros. Años después, cuando ya era primer ministro, un diputado interpelante le dijo a Asquith:

—Cuando usted asesinó a aquellos obreros en 1892...

El flemático *premier* le corrigió:

—No fue en el 92, fue en el 93.

Marx y los clásicos

El dirigente obrero español Anselmo Lorenzo fue a Londres con ocasión de la conferencia de los sindicatos obreros europeos. Visitó a Karl Marx, que le recibió muy efusivamente y le habló en español. En la primera conversación que mantuvieron no trataron de cuestiones sindicales. Marx, que era gran lector de los clásicos españoles, prefirió hablar del teatro del Siglo de Oro. Lorenzo, que era tipógrafo y hombre culto, no desdeñó el tema. Y hablaron de Calderón, Lope de Vega, Tirso o Moreto. Marx había transmitido a su familia su afición a las letras españolas. Su hija pidió a Anselmo Lorenzo que le leyera un capítulo del Quijote para deleitarse con la musicalidad del castellano.

Lenin en la cárcel

Cuando Vladímir Ilich «Lenin» estaba en la cárcel en 1895, escribía sus documentos clandestinos con leche entre las líneas de libros o revistas. Fabricaba pequeños «tinteros» con miga de pan y cuando veía a un celador, se los comía. Para mantener correspondencia con sus compañeros de prisión, se valía de los libros de la biblioteca de la cárcel, en cuyas páginas señalaba con puntitos las letras que formaban las palabras del mensaje.

Cartas credenciales

Jules Cambon fue un conocido diplomático francés de fines del pasado siglo y comienzos del presente que representó a su país en Estados Unidos, en España y en otros países. Un día le preguntaron cuál había sido el momento más difícil de su vida de diplomático y él contestó:

—Tenía que presentar mis cartas credenciales ante uno de los reyes de Europa más aficionados al protocolo. Al entrar en el salón real me di cuenta de que me había dejado las cartas en la embajada. Menos mal que llevaba en el bolsillo un sobre que contenía un mapa que me habían dado en una agencia de viajes. Con toda prosopopeya puse el sobre en manos del monarca y así salvé el trance más difícil de mi vida de diplomático.

El viejo lord

Según cuenta André Maurois en su biografía de Eduardo VII de Inglaterra, algunos de los miembros de la Cámara de los Lores se dormían durante las sesiones. Y cita el caso del duque de Devonshire quien, recién despertado de su siesta, tuvo que defender un proyecto del gobierno. El portavoz del grupo gubernamental oyó con asombro el discurso del duque, quien sostenía la tesis de la oposición; y envió al orador una nota avisándole de que se equivocaba. Devonshire leyó el papel y reanudó su discurso con toda tranquilidad:

—Perdonen los honorables miembros de la Cámara. Me he equivocado. La opinión del gobierno de Su Majestad es exactamente la contraria a la que acabo de exponer.

Cúbrase, majestad...

Julián Cortés Cavanillas cuenta en su biografía de Alfonso XIII que, en una ocasión, el rey visitó un pueblo industrial y el alcalde le acompañó a ver una fábrica. Como era verano, el rey llevaba el sombrero en la mano. El alcalde, creyendo hacerle una cortesía, le dijo: «Cúbrase, majestad.» Don Alfonso siguió con el sombrero en la mano. El alcalde le insistió: «Pero, cúbrase, majestad...» Y el rey dijo entonces, mientras se ponía el sombrero: «Con el permiso de usted, señor alcalde...»

El rey y los condecorados

En 1905, el rey de España visitó Francia y entre los actos de la recepción oficial se celebró el de presentar al joven rey a los franceses que habían sido distinguidos con condecoraciones españolas. Don Alfonso, en su discurso, les dijo:

—Debéis consideraros más felices que yo porque estas distinciones que lleváis las habéis ganado por vuestros méritos. Yo, para alcanzar mi rango no he tenido más que tomarme el trabajo de nacer.

El rey automovilista

Alfonso XIII era muy aficionado a los automóviles y presumía de poner el suyo a ciento diez kilómetros por hora. Un día se lo dijo a Maura, entonces presidente del Consejo de ministros. Don Antonio estaba siempre muy preocupado por la afición del rey a la velocidad. Un día, después del nacimiento de su primer hijo, don Alfonso hizo un viaje en coche de Santander a Madrid y, al llegar, le contó a Maura lo rápidamente que había llegado. El jefe del gobierno no pareció inmutarse y el rey le dijo:

—¿No le impresiona? Lo que pasa es que ya se ha acostumbrado, ¿verdad?

Maura comentó:

—No, majestad; lo que pasa es que ya tenemos príncipe de Asturias.

Condecoración merecida

Cuando le fue concedida a don Miguel de Unamuno la Cruz de Alfonso XII, el rector de Salamanca fue a agradecerle al rey don Alfonso XIII la distinción que le había otorgado:

—Gracias, majestad, por esta condecoración que merezco... —le dijo don Miguel al monarca.

Éste le miró con cierto asombro y contestó:

—Hombre, qué original. Las personas que vienen aquí para agradecerme una condecoración dicen siempre que no la merecen...

Replicó Unamuno:

—Y tienen razón...

Dos sepulcros para un santo

Visitaba un día Alfonso XIII la catedral de León y al ver dos arcas labradas en una capilla, le preguntó al deán que le acompañaba.

—¿Qué contienen estas arcas?

—El glorioso cuerpo de san Froilán —respondió el clérigo.

El rey comentó vivamente, sin que el otro supiera qué contestar:

—Estará dividido en dos.

Un pueblo de Castilla

Cuenta la infanta doña Eulalia de Borbón en sus *Memorias* una conversación que ella sostuvo un día de verano con don Alfonso XIII en el palacio de Miramar en San Sebastián. La infanta, que había viajado mucho por Europa, hablaba de lo muy cuidados que estaban los pueblos en Francia y Alemania mientras que en España se encontraban muy mal atendidos. El rey le dijo que había descubierto un pueblo de Castilla que estaba maravillosamente cuidado. Decidieron visitarlo y viajaron hacia el sur en automóvil hasta encontrar aquel precioso pueblecito. Salieron unas personas a recibirles y doña Eulalia tomó a una de ellas por el alcalde y le dijo:

—Le felicito, señor alcalde. Su pueblo es un modelo. Es un motivo de orgullo para la provincia.

El otro respondió con acento francés:

—Gracias, señora, pero aquí todos somos belgas que tenemos una fábrica en este pueblo. Y no hay más españoles que la pareja de la Guardia Civil.

El joven Maura

Don Antonio Maura estudió Derecho en la Universidad Central de Madrid, en el viejo caserón de San Bernardo. El que había de llegar a ser gran orador se azoró la primera vez que, durante una clase de Derecho Romano, tuvo que hablar en público. Su timidez o quizá su «complejo provincial», pues tenía un fuerte acento mallorquín, hizo reír a los que compartían con él el aula universitaria. A la salida, solamente dos alumnos se acercaron a consolarlo. Eran don Honorio y don Trifino Gamazo, hermanos de don Germán, famoso político liberal. Le invitaron a su casa y Maura se convirtió en pasante del bufete de Gamazo y se casó con su hermana. En política, fue gamacista, pero no por mucho tiempo. Un día, siendo ya diputado, intervino en un debate. Cánovas del Castillo le oyó hablar y preguntó:

—¿Quién es?

—Maura, el cuñado de Gamazo —le dijeron. Y replicó don Antonio:

—Pues pronto será Gamazo el cuñado de Maura.

La púrpura y la polilla

Don Antonio Maura manifestó un día en el Congreso que la púrpura atrae a la polilla. Un diputado que habló al día siguiente hizo alusión a esta frase y dijo que ningún naturalista confirmaba lo que don Antonio había dicho aunque no descartaba que pudiese ser cierto.

El portero

En 1887 don Antonio Maura era todavía un simple diputado y no se preveía aún la posibilidad que tenía de hacer una brillante carrera. Sólo lo adivinó un portero del ministerio de Hacienda que se creía gran psicólogo. Un día que Maura visitó el ministerio, Pulido, que así se llamaba el portero, le hizo entrar por la puerta reservada a los personajes políticos. Don Antonio quedó sorprendido y le preguntó el porqué de aquella distinción. Pulido sonrió y dijo:

—¡Si no supiera uno cuáles son los diputados que van para ministros!

Tiro de pichón

En septiembre de 1904 el gabinete de don Antonio Maura pasaba ya por dificultades políticas. Por entonces, don Alfonso XIII estaba en la Granja de San Ildefonso y Maura fue allí varias veces a despachar con el rey.

Una tarde, don Alfonso estaba en el tiro de pichón al que el monarca era muy aficionado.

—¿Quiere usted probar? —le preguntó el rey al primer ministro.

Maura se excusó:

—Mi aspiración es ahora que no me den. En estos días yo soy el pichón.

El falso Canalejas

Don José Canalejas había salido de Madrid en dirección a Santander en uno de sus viajes de propaganda política. Por telegrama le avisaron de que en un pueblo de Castilla donde el tren había de detenerse le estaban esperando numerosos correligionarios suyos para tributarle un homenaje. Don José, que estaba muy fatigado, se asustó ante la idea de permanecer despierto durante la noche y le preguntó a un colaborador suyo:

—¿Tiene usted inconveniente en hacer de Canalejas por un rato?

El ayudante, que llevaba barba como su jefe y se le parecía algo, dijo que era un gran honor sustituirle en aquella ocasión. Eran las tres de la mañana cuando el tren se detuvo en aquella estación. Entre los vivas a Canalejas, el falso Canalejas abrió la ventanilla y pronunció un discurso que hizo la felicidad de las fuerzas vivas del pueblo.

La oratoria y la pastilla

Don Fernando Merino, que fue ministro en uno de los gabinetes de Canalejas, era hijo del inventor de unas pastillas que servían para suavizar la garganta y que eran muy populares en la época. El día que Merino tomó parte por primera vez en un acto público hizo un discurso bastante flojo que quedó deslucido además por su tremenda afonía. Canalejas, comentando lo sucedido, decía con gracia:

—No me asombra que Fernando se haya desacreditado como orador. Lo terrible es lo mal que ha hecho quedar a su padre.

La represalia del conde

En uno de los gobiernos de Canalejas a comienzos de este siglo, el conde de Romanones fue nombrado ministro de Gracia y Justicia. Según el conde confesó a un amigo, ése era un ministerio que le gustaba particularmente porque lo consideraba un cargo tranquilo y de gran interés político.

—Además —añadió Romanones—, ser ministro de Gracia y Justicia me permite tomarme una represalia que tengo pendiente. En Sigüenza hay un canónigo, enemigo político mío, que trabajó contra mí en las últimas elecciones y que hasta se presentó como candidato a diputado. Ahora, siendo yo ministro, este canónigo está bajo mi autoridad y me lo voy a quitar de enmedio.

Su interlocutor le preguntó qué pensaba hacer como represalia contra aquel canónigo. Romanones contestó:

—¿Que qué voy a hacer? Pues nombrarle obispo.

¿Por qué fue condecorado?

El conde de Romanones le hizo dar una condecoración a un diputado de su partido. «¿Por qué te ha condecorado?», le preguntó un amigo. Y el que había recibido la distinción respondió:

—No sé, no he cometido la indiscreción de preguntárselo.

La crisis, según Benavente

En una época de inestabilidad política le preguntaban a don Jacinto Benavente: «¿Qué solución cree usted que hay que dar a la crisis?» El dramaturgo respondió:

—Hacer buenas obras.

El que le había preguntado puntualizó que no se refería a la crisis del teatro sino a la crisis política. Y don Jacinto replicó:

—Ya se lo he dicho, hacer buenas obras.

Indicios de crisis

Con motivo de uno de los muchos cambios de gobierno que se produjeron en España en las primeras décadas del siglo, el diario *ABC* de Madrid tuvo un importante éxito periodístico. Cuando se rumoreaba que habría crisis, el periódico adivinó que el próximo jefe del gobierno sería el conde de Romanones.

ABC dio la noticia de la siguiente manera: Publicó una fotografía de la terraza de la casa que el conde habitaba en el paseo de la Castellana. Colgado de los tendederos estaba el uniforme de primer ministro que el servicio había sacado a orear. El pie de foto decía: «Romanones, nuevo presidente del Consejo.»

Fidelidad

Siendo don Rafael Gasset ministro de Fomento, iba a visitarle todos los días un ex diputado provincial manchego que pasaba un buen rato en su despacho. Gasset le hizo con este motivo varios favores. Terminado su mandato como ministro, estuvo varios años sin tener noticias de su amigo pero cuando, en 1923, subió al poder la concentración liberal, Gasset volvió al ministerio de Fomento y la primera persona con la que se encontró al ir a tomar posesión fue el ex diputado manchego:

—¡Cuánto tiempo sin verle! —dijo el ministro—. Me ha abandonado usted.

Su interlocutor respondió:

—No es verdad. Es usted quien me ha abandonado a mí. Yo he seguido viniendo aquí todos los días.

La estatua ecuestre

En un pueblo de la provincia de León cuyo Ayuntamiento estaba gobernado por los seguidores del político demócrata García Prieto, marqués de Alhucemas, se tomó la decisión de erigirle una estatua y se organizó para ello una suscripción pública. Los adversarios políticos del marqués, y especialmente los mauristas del pueblo y de toda la provincia, quisieron echar abajo la idea de levantar una estatua. Pero los mauristas no tenían más que un concejal en el Ayuntamiento y, en la sesión del consistorio, pidió la palabra para intervenir en aquella cuestión. El alcalde se negó a concederle el turno pero cambió de opinión cuando el concejal le dijo que su propósito era adherirse a la idea. El concejal maurista se levantó y dijo:

—Yo estoy conforme en que le hagamos la estatua al marqués pero con una condición.

Se produjo un momento de expectación y una voz preguntó:

—¿Cuál?

El orador prosiguió:

—Que sea una estatua ecuestre pero sin jinete.

Nini

A un periodista que ejerció su profesión en Madrid en el primer tercio de nuestro siglo y que se llamaba Cánovas Cervantes le conocían sus compañeros con el sobrenombre de «Ni Ni». Cualesquiera que fuesen sus méritos, no alcanzaba a ser ni un Cánovas ni un Cervantes.

Policía secreta

Don Ángel Ossorio y Gallardo fue gobernador de Barcelona en 1909, el año de la Semana Trágica. Al llegar las fiestas de Carnaval, don Ángel temió que elementos extremistas de diferentes bandos utilizaran las máscaras y disfraces para cometer desmanes. Por ello dispuso que se disfrazaran con trajes carnavalescos numerosos agentes de policía. Cuando el gobernador salió a la calle para ir a su despacho, comprobó que muchas de las máscaras de carnaval se cuadraban a su paso y le saludaban militarmente.

El susodicho Dios

Con motivo de una granizada que cayó sobre un pueblo navarro, el secretario escribió a Madrid una instancia solicitando ayuda. La transcribe José María Iribarren, celebrado autor de *El porqué de los dichos*. Decía el escrito:

«Cuando los labradores de esta villa sonreían gozosos ante la perspectiva de una cosecha pródiga y abundante, Dios Nuestro Señor permitió que en la aciaga tarde del 25 descargase una tronada de granizo tan terrible y maléfica que, en cuestión de pocos minutos, destrozó las cosechas...»

El final era una muestra insuperable de los excesos de la prosa administrativa:

«El susodicho Dios y la susodicha tronada han creado una situación tan crítica que nos vemos precisados a acudir a V. E...»

No hay clima

Don José María Iribarren, autor de numerosos libros sobre costumbres populares, cuenta en su *Retablo de curiosidades* la historia de un alcalde aragonés que recibió un padrón de estadística y tuvo que rellenarlo con los datos del pueblo. Se reunió con sus concejales y juntos fueron escribiendo en las casillas la información relativa al censo de vecinos, producción agrícola, etc. Al llegar a la casilla que decía «CLIMA», el consistorio no supo qué hacer. Se miraron los munícipes unos a otros y, al final, el alcalde escribió: «Clima, aquí no hay. Pero, si es necesario, se traerá de Zaragoza.»

Gobernador como obispo

En su obra *Desde el Polo Norte*, Antonio Álvarez Solís cuenta una graciosa anécdota de don Augusto González Besada, ilustre político de principios de siglo. Siendo gobernador civil de una provincia, Besada recibió una comunicación de un obispado, firmada con la fórmula habitual de «Juan, obispo de Orense». Y contestó con otro oficio en el que firmaba «Augusto, gobernador civil de Lugo».

Cuando era novillero

El torero Rafael *el Guerra* fue presentado en una ocasión al presidente del Consejo de ministros don Eduardo Dato. El presidente le dijo:

—Tuve el gusto de conocerle a usted en San Sebastián cuando estaba usted en pleno triunfo y yo era entonces subsecretario de Gobernación.

El Guerra replicó:

—¡Ah, sí, ya recuerdo! En aquella época era usted novillero.

Una deuda de cinco duros

Un ministro de Gracia y Justicia de un gobierno de Dato se dirigía en una ocasión a su despacho cuando el coche en que iba sufrió una avería. Tuvo que tomar un coche de punto. Cuando llegó al ministerio se dio cuenta de que no llevaba dinero suelto y le pidió dos pesetas al portero para pagar al cochero. «Tenga cinco duros, señor ministro», dijo éste. Pasaron varias semanas y al ministro se le olvidó pagar la deuda. El portero se lo recordó y entonces el ministro le dijo:

—¿Qué prefiere usted los cinco duros o un ascenso?

El portero quedó un poco confuso y el ministro dijo:

—Pues ya está usted ascendido.

Y se quedó con los cinco duros.

El busto de Dato

Dos años después de que don Eduardo Dato fuese asesinado en Madrid siendo presidente del Consejo de ministros, la ciudad de Vitoria, donde había nacido, le erigió un monumento. En la inauguración estuvo presente don Alfonso XIII, quien se encargó de descorrer el paño que ocultaba la obra de Mariano Benlliure. Tomó la palabra don José Sánchez Guerra para recordar la personalidad de Dato. Cuando el acto terminó, varias personalidades asistentes examinaron minuciosamente el monumento y especialmente el medallón en que aparecía en relieve el busto del político conservador. Un ex ministro cuyo nombre no recogen las crónicas le puso una pega que pasó al anecdotario de la política. Dijo:

—Lástima que Benlliure no haya hecho más grande el medallón porque entonces se hubiera podido colocar el busto de don Eduardo de cuerpo entero.

La invasión de Inglaterra

Cuando, en 1914, estalló la primera guerra europea, el káiser Guillermo II comprendió que la invasión de Inglaterra era la clave de su posible victoria. El káiser había llevado sus ejércitos a Francia, Bélgica y Rusia y sólo le faltaban las Islas Británicas para completar su victoria. Llamó entonces a su general en jefe, Von Moltke, y le pidió que trazase un plan de invasión. El general dejó pasar una semana sin dar respuesta al soberano. Cuando éste le preguntó si tenía ya el plan, Von Moltke le contestó, disuadiéndole de su proyecto:

—Majestad, tengo cinco planes para poner un ejército en Inglaterra, pero no tengo ninguno para hacerlo volver a Alemania.

Nada de violencia

Durante la primera guerra mundial, en 1915, un censor cinematográfico francés estaba viendo una película que no se refería para nada a la guerra. Era la historia de un enamorado que, despechado, se arrojaba a un torrente. Cuando el censor vio la escena exclamó: «¡Eso hay que cortarlo!» Le preguntaron por qué, siendo así que la escena no tenía nada que ver con las hostilidades. El censor dijo, en frase que se hizo famosa:

—¡Nada de muertes violentas durante la guerra!

La inquietud de una madre

Cuando Raymond Poincaré, que había de llegar a la presidencia de la República Francesa, fue nombrado por primera vez ministro, un amigo de la familia felicitó a su madre y la señora Poincaré le preguntó:

—¿Y usted cree que eso será bueno para él?

El casco de Clemenceau

Durante la guerra de 1914-1918, el presidente francés Clemenceau, llamado «El Tigre», visitaba en una ocasión el frente. Estando en una trinchera, un sargento le dijo que tenía que ponerse el casco. El presidente dijo que no tenía y el sargento quiso darle el suyo. Clemenceau no lo aceptó pero el sargento, para convencerle, ordenó a los soldados que se quitaran el casco. Ante esta orden, el presidente cedió y tomó el casco del sargento pero a condición de que éste se quedara con su gorro. El suboficial se puso contentísimo y aseguró que llevaría el gorro de Clemenceau toda la vida. El presidente dijo después: «Con cabezas así tenemos ganada la guerra.»

La censura

Georges Clemenceau empezó su carrera como periodista. Dirigía un periódico llamado *L'Homme Libre* y cuando la censura se lo suspendió lo reemplazó con otro con la cabecera de *L'Homme Enchainé*.

Clemenceau, que además era diputado, daba lectura en el Parlamento a los artículos que la censura le había prohibido publicar. Pero el periodista se transformó en gobernante y fue elegido primer ministro. Entonces, los miembros de la Oficina de Prensa Gubernamental le visitaron para preguntarle si era verdad que la censura iba a ser suprimida. Clemenceau contestó:

—¿Suprimir la censura? ¡Jamás! Yo no soy idiota.

Política y boxeo

Se hablaba un día delante del primer ministro Clemenceau del boxeador Carpentier que había sido aclamado en Gran Bretaña. «El Tigre» comentó:

—Pues, qué quiere usted que le diga, un boxeador no es nada a nuestro lado. Él puede matar a un hombre de un puñetazo, pero nosotros con unas palabras, podemos hundir a un pueblo.

Clemenceau no lo sabía

Durante las negociaciones de la Conferencia de la Paz que se celebraban en Versalles después de la primera guerra mundial, Clemenceau era asaltado por los periodistas cada vez que salía del salón de negociaciones. El corresponsal del *New York Herald* le dijo un día:

—Excelencia. Necesito dar mañana en el periódico las condiciones del Tratado.

Clemenceau repuso:

—Si las publica usted, mándeme el periódico porque a mí también me gustaría saber cómo va a terminar esto.

Alemanes de viaje

Al terminar la guerra de 1914 a 1918, el gobierno francés tomó severas medidas contra Alemania, el país derrotado. Un día le preguntaron al primer ministro Clemenceau cuál era la razón de que profesara odio a los alemanes y si había estado alguna vez en Alemania. Contestó:

—No he estado nunca en Alemania pero, en lo que llevo de vida, los alemanes han estado dos veces en Francia y no quiero que vuelvan una tercera.

Volvieron, pero Clemenceau ya no estaba.

La vejez de Clemenceau

Cuando Clemenceau tenía ya ochenta y tres años de edad le visitó en su residencia un doctor llamado Voronov que se había hecho famoso en aquellos días por un procedimiento que decía haber inventado para rejuvenecer a las personas mediante la inyección de sueros obtenidos de glándulas de monos. El doctor tenía mucho interés en que Clemenceau conociera su descubrimiento y le preguntó si deseaba probarlo. El político se puso en pie y tomó del brazo al médico, diciéndole mientras le acompañaba a la puerta:

—Muy agradecido, doctor, pero ¿no cree usted que sería mejor esperar a que yo sea viejo?

No soy más que un político

Arístides Briand, el político francés, mereció el título de «apóstol de la paz» por sus esfuerzos en pro de la concordia universal después de la Guerra del 14. Era un hombre muy popular pero durante las vacaciones de verano solía refugiarse en algún pueblo donde pudiera pasar inadvertido, haciéndose llamar monsieur Bertrand. En una ocasión, unos amigos suyos que acertaron a pasar por allí, le descubrieron a los ojos de la gente del pueblo. Arístides Briand, que había hecho muy buenas migas con los aldeanos, lamentaba haber sido identificado y decía:

—¿Qué van a pensar de mí estas buenas gentes al comprobar que no soy más que un político?

Una beca póstuma

El ministro de Educación Nacional de uno de los gobiernos franceses de principios de siglo, M. de Marcombes, era, según se decía, un hombre muy expeditivo. En una ocasión le pidieron un dinero para enterrar a un escritor que había muerto en la miseria. El ministro ordenó que le dieran quinientos francos. Y cuando el secretario preguntó con cargo a qué partida debían anotar la entrega, Marcombes respondió:

—Cárguelo a «Becas y subvenciones a escritores y artistas».

Los musulmanes y la misa

Según cuenta André Maurois en sus *Memorias*, el presidente de la República Francesa M. Millerand nunca iba a misa. Sólo cumplió con el precepto dominical católico cuando visitó un país islámico, Marruecos. Y fue porque el mariscal Lyautey, residente general de Francia en el protectorado, le convenció al decirle:

—Señor presidente, yo sé que en Francia no va usted a misa, pero yo le ruego que aquí vaya cada domingo porque los árabes son muy religiosos y no comprenderían que usted incumpliera sus obligaciones como católico.

Lo breve es más difícil

Es famoso el caso de aquella persona que, escribiendo a otra una carta, decía: «Perdona que te escriba tan largo pero es que no tengo tiempo para escribirte con más brevedad.» En el mismo sentido se cuenta del presidente de Estados Unidos Woodrow Wilson la siguiente anécdota: le preguntaban cuánto tiempo empleaba en preparar un discurso de diez minutos y él respondía:

—Un par de semanas.

—¿Y un discurso de una hora?

—Una semana.

—¿Y un discurso de dos horas? —insistían en preguntarle.

A lo que respondía el presidente:

—Podría pronunciarlo ahora mismo.

Lloyd George y el veneno

El político inglés Lloyd George, que fue primer ministro durante la primera guerra mundial, era un hombre de gran ingenio. Un día, durante un mitin en el País de Gales, una señora de ideas contrarias a las suyas le gritó:

—¡Si fuese usted mi marido no tendría inconveniente en darle veneno!

Lloyd George replicó:

—Si fuese usted mi mujer, lo tomaría con mucho gusto.

La cabeza del adversario

De Lloyd George se cuenta también que en una ocasión, durante un mitin electoral alguien le tiró una herradura. Él dijo:

—El que haya perdido un zapato puede pasar a recogerlo. —(«Herradura» se dice en inglés *horseshoe,* «zapato de caballo».)

En otra ocasión fue una col lo que le arrojaron mientras hablaba. Él la recogió diciendo:

—Mi adversario ha perdido la cabeza.

Los juicios de Lloyd George

Lloyd George tenía una gran capacidad para definir con una frase lo mismo a sus colaboradores que a sus adversarios. De Churchill decía por ejemplo:

—Sería capaz de hacer un tambor con la piel de su madre sólo para llenar el aire de sus propias alabanzas.

De Eamon de Valera, primer ministro de Irlanda:

—Negociar con él es como intentar coger mercurio con un tenedor.

Uno se imagina muy bien cómo debía de ser otro político, menos conocido que los anteriores, de quien Lloyd George decía:

—Una alianza con él es como dar un paseo por el campo en compañía de un saltamontes.

No soy profeta

Cuando, en 1933, Lloyd George estaba ya retirado y se dedicaba a escribir sus *Memorias*, fue entrevistado por un periodista que le preguntó:

—¿Cree usted en una próxima guerra?

Lloyd George contestó escuetamente:

—No.

Al terminar la entrevista, el periodista se marchó satisfecho por haber podido encontrar un buen titular que desmintiera la posibilidad de una guerra, poniéndolo en boca de tan importante personaje. Cuando ya salía por la puerta, Lloyd George le dijo antes de despedirse:

—Le advierto que tampoco creía en ella en 1914.

El presidente Coolidge

Calvin Coolidge era hombre de pocas palabras. Fue elegido vicepresidente con Harding para el período 1921-1925 y, cuando el presidente murió antes de terminar el mandato, subió al poder. Le llamaban «el presidente tácito», por lo poco que hablaba. Una dama, en una comida oficial, le dijo sonriendo:

—Presidente, he apostado a que le hago decir a usted más de tres palabras.

Coolidge respondió:

—*You have lost.* (Ha perdido usted.)

El voto femenino

Emeline Pankhurst fue una de las más tenaces luchadoras feministas de Inglaterra y en buena parte gracias a ella, las mujeres obtuvieron el derecho al voto en 1918. Un día, en un mitin, la oradora fue interrumpida por un hombre que gritó:

—¡Ya quisiera usted ser hombre!

Ella reaccionó vivamente:

—Yo no, ¿y usted?

El aumento de sueldo

Se atribuye al periodista Morrison, que fue corresponsal de *The Times* en Pekín, el gracioso procedimiento que utilizó para lograr que le subieran el sueldo. Es sabido que la cortesía china tradicional exige contestar siempre con profunda humildad a las preguntas que a uno le hacen. Así por ejemplo, cuando se elogia el hogar de un chino, su propietario debe contestar:

—Mi despreciable pocilga no tiene otro valor que el que le da vuestra augusta presencia.

El director del *Times* visitó Pekín y Morrison le presentó a varias personas, entre ellas al director de un gran periódico chino. Conversaron acerca de la situación de la prensa en China y en Inglaterra y, en un momento dado, el chino le preguntó a Morrison:

—Dígame, ¿es muy elevado su sueldo de corresponsal?

Y Morrison, en presencia de su propio director, contestó con gran seriedad:

—Mi miserable salario es demasiado insignificante para ser mencionado en vuestra augusta presencia.

El director tomó nota y a Morrison le subieron el sueldo.

Convivencia

Suiza es posiblemente el único país del mundo donde no existe la oposición. Gobierna el país una coalición de partidos hecha sobre la base de la llamada *fórmula mágica*. Siempre ha debido de existir esa convivencia, ahora la llamaríamos «cohabitación», en el país helvético. Se cuenta que, hace ya muchos años, en el cantón de Zurich, ni los liberal-conservadores ni los socialistas tenían dinero para fundar un periódico. Y se les ocurrió unirse para publicar el *Wochenblatt*, al objeto de que les sirviese de órgano oficial. El arreglo a que llegaron fue que la primera mitad del periódico era de los conservadores y la segunda, de los socialistas. Aquí terminaba la alianza pues las polémicas eran apasionadas y en el mismo periódico los dos partidos se intercambiaban críticas y denuestos.

Embarazos

Don José Sánchez Guerra, que fue presidente del consejo de ministros en 1922, presumía de saber decir que no a los favores que se le solicitaban. Y hacía la siguiente frase:

—Tengo aprendido que en los dos sexos el no saber decir que no produce muchos embarazos.

Primo de Rivera y los toros

En septiembre de 1923, el torero Marcial Lalanda se encontró en el expreso de Madrid a Barcelona con el capitán general de Cataluña don Miguel Primo de Rivera. El torero le dijo al general que toreaba al día siguiente en la Monumental barcelonesa y le preguntó si iría a verle. Don Miguel le respondió que sí y el torero dijo entonces:

—Torearé también el domingo siguiente.

Primo de Rivera, que había organizado su golpe de Estado para ese día, replicó:

—A esa corrida no podré ir porque en esa fecha también toreo yo.

La Dictadura

En su libro *Recuerdos de una vida,* Pilar Primo de Rivera cuenta la conversación que el ministro de la Guerra sostuvo telefónicamente con el general don Miguel Primo de Rivera cuando éste acababa de dar el golpe de Estado con que se inició la dictadura en 1923. El ministro le dijo al general:

—Me dicen que está usted sublevado con la guarnición de Cataluña.

—Así es, en efecto —contestó el general.

El ministro dijo entonces:

—Pues queda usted destituido.

El dictador replicó:

—No, el que queda destituido es el gobierno.

El preso ha salido

El general Primo de Rivera mandó meter en la cárcel al político Ossorio y Gallardo por conspirar contra la Dictadura. Don Ángel recibía en la prisión numerosas visitas y, entre ellas, la de un señor muy pesado que le importunaba especialmente. Un día, Ossorio fue a ver al oficial de prisiones y le pidió por favor que si venía aquella visita le dijera que él no estaba en casa.

Los ladrones según Primo de Rivera

El biógrafo del general Primo de Rivera, Jacinto Capella, cuenta que un día, comentando un robo que se cometió en Madrid, le decía el dictador:

—Te advierto que el ladrón es de una gran necesidad social.

Capella le pidió que le explicara tan sorprendente principio y el general decía:

—El ladrón da más de lo que roba. Haz una estadística de lo que todos los ladrones roban en un año y luego haz otra de lo que ganan millares de personas como consecuencia de que existan ladrones. Sin ellos, la Guardia Civil, la Policía, muchos jueces y autoridades estarían de más. No se fabricarían llaves ni cajas de caudales ni puertas ni cerraduras. Si todos los ciudadanos cumplieran con la ley, ¡la de gente que se quedaría sin comer...!

Primo de Rivera y los intelectuales

El general Primo de Rivera, siendo ya dictador, se llevó siempre mal con los intelectuales. Tenía la costumbre de calificar a los personajes públicos con una frase. De don Ramón del Valle-Inclán dijo por ejemplo que era un «ilustre escritor y extravagante ciudadano». A don Miguel de Unamuno le desterró a Fuerteventura y dijo de él:

—El conocimiento de la cultura helénica no da derecho a enredar constantemente.

El que manda es Mahoma

Durante la guerra de Marruecos un diputado hablaba en el Congreso de los gastos excesivos que la intervención causaba a España. En un momento dado, este diputado, el señor Villanueva, dijo:

—Si se reducen los gastos en Marruecos, como es de esperar en Dios que suceda...

Don Indalecio Prieto le interrumpió:

—En Mahoma, que es el que manda allí.

Un disfraz de militar

Durante la campaña de Marruecos, el gobierno creyó conveniente llevar a cabo en el protectorado una política de carácter civil y nombró como comisario a un ex ministro. Pero he aquí que este señor, apenas tomó posesión del cargo, se encargó un flamante uniforme. Don Indalecio Prieto dijo en el Congreso:

—Al gobierno le faltó tiempo para nombrar un comisario civil en Marruecos y al comisario le faltó tiempo para disfrazarse de militar.

La crisis del 14 de abril

Las elecciones municipales del 12 de abril de 1931 dieron como resultado una mayoría de candidatos monárquicos en toda España. Pero en la mayoría de las grandes ciudades ganaron los republicanos. El rey Alfonso XIII abandonó el país y se proclamó la República. Horas antes, cuando se supo el resultado de los comicios, los periodistas preguntaron al almirante Aznar, entonces jefe del gobierno, si habría crisis. El almirante respondió:

—¿Qué más crisis quieren ustedes que la de un país que se acuesta monárquico y se levanta republicano?

Nombres de sainete

Dos políticos republicanos, el señor Alcalá Zamora y el señor Prieto se encontraron un día por la calle y se saludaron de esta manera:

—Adiós, don Niceto.

—Adiós, don Indalecio.

Prieto se detuvo y le dijo a Alcalá Zamora:

—La verdad es que usted y yo tenemos nombres de sainete.

Demasiada claque

Siendo don Manuel Azaña presidente del Consejo de ministros, estrenó en el Teatro Español la obra *La corona*. El público, formado sobre todo por dignatarios de la República, prorrumpió en una atronadora ovación nada más terminar el primer acto. Muchos de los asistentes se precipitaron durante el descanso al palco donde se encontraba la esposa del presidente que, en ausencia de don Manuel, quien no había querido asistir al estreno, recibía las enhorabuenas. Cansada ya de los elogios, la señora dijo a un amigo:

—Hay mucha claque, demasiada claque.

Sevilla, en verano

Durante el verano de 1931 se produjo una algarada revolucionaria en Sevilla como reacción al intento del golpe de Estado del general Sanjurjo. La muchedumbre enfurecida entró en varios edificios públicos y dejó pintadas en los muros. Una hermana de la Caridad del hospital contó a uno de los médicos que un grupo de gente había entrado en el recinto dando gritos y había puesto en la pared un letrero que decía: «¡Viva Rusia!»

El médico, queriendo quitarle hierro al asunto, le contestó:

—¿Y qué quería usted, hermana, que escribieran en el mes de agosto en Sevilla, con el calor que hace?

Las anécdotas de Franco

Durante cuarenta años de dictadura, los españoles apenas vieron reír a don Francisco Franco Bahamonde. No parece que el general tuviese sentido de humor aunque la ambigüedad de su carácter pudiera dar esa impresión. Un embajador inglés, mister Hayes, definió la forma de actuar de Franco como «política gallega». Un periodista, Rodrigo Royo, fue a quejarse una vez a él por lo mal que el régimen le había tratado. El Caudillo le aconsejó: «Haga como yo, no se meta en política.» A un político que había sido destituido de su cargo de ministro le dijo: «Van a por nosotros.» Su capacidad de desentenderse de sus propias responsabilidades se ve muy bien en la siguiente anécdota. En una jornada de pesca del salmón en Asturias, Franco y sus acompañantes hablaban durante la comida de una persona a la que no habían vuelto a ver durante años y se preguntaban qué habría sido de él. De pronto, se oyó la voz de Franco que decía:

—A ése le mataron los nacionales.

«Arriba España»

Leyendo el libro de don José María de Areilza *Testimonios de la España de nuestro tiempo* he podido encontrar el origen de la frase «Arriba España», tan repetida durante el franquismo. Al hacer la semblanza de Rafael Sánchez Mazas, Areilza explica que ese término viene de que Sánchez Mazas, «buscando una locución exaltadora del patriotismo, había venido a parar en el *arriba*, traducción literal del *gora* que los nacionalistas vascos habían acuñado para su grito habitual».

Sección Femenina

Pilar Primo de Rivera en sus *Recuerdos de una vida* cuenta que en sus viajes con otra de las fundadoras de la Sección Femenina de Falange, Marichu de la Mora, le sucedían anécdotas como la siguiente: «En Valladolid, parábamos siempre en el mismo hotel, donde rellenábamos nuestra hoja de llegada, entonces bastante controlada a causa de la guerra, cumplíamos nuestros menesteres y hasta otra. Pero con este afán inveterado de las mujeres de quitarnos años, Marichu y yo, aunque entonces éramos de verdad muy jóvenes, cada vez que pasábamos por Valladolid y nos entregaban la hoja a rellenar, nos quitábamos dos o tres años, según nos parecía. Hasta que un día, el dueño del hotel nos dice, con toda clase de consideraciones: «Por favor, señoritas, pónganse ustedes en la hojilla de entrada la edad que quieran, pero pónganse siempre la misma, porque luego se arman unos líos con la policía...»

D'Ors y la política

En el retrato que Ramón Gómez de la Serna le hizo a don Eugenio D'Ors se cuenta que, en una ocasión, un periodista le preguntó al filósofo catalán:

—¿Tiene usted aficiones políticas?

Don Eugenio respondió:

—Sí, pero me las aguanto.

¿Dónde está la oposición?

En los años de la dictadura del general Franco, una delegación del Parlamento británico visitó lo que entonces se llamaba las Cortes Españolas y ahora el Congreso de los Diputados. Los MP, miembros del Parlamento, se sentaron en la tribuna de honor de las Cortes acompañados por un «procurador» que hablaba inglés. En un momento dado, uno de los visitantes le preguntó al español:

—Y aquí, ¿dónde se sienta la oposición?

El procurador no supo qué contestar y se le ocurrió decir:

—Está un poco dispersa por todo el salón de sesiones.

El calendario juliano

En las postrimerías del franquismo fue nombrado ministro de Educación don Julio Rodríguez, el cual se hizo famoso en seguida porque quiso cambiar el calendario educativo. Pronto se empezó a hablar del «calendario juliano» que iba a sustituir al gregoriano común. Se contaba, por cierto, que don Julio había sido nombrado ministro por un error, porque Franco había dicho que quería para la cartera de Educación «a ese chico que es rector de Granada». Al parecer se refería al profesor Sánchez Agesta, que había ocupado el rectorado de la Universidad granadina, aunque por entonces había sido sustituido por el profesor Rodríguez sin que Franco se hubiese enterado de ello. De don Julio y de su esposa se contaban famosas historias. Durante un congreso científico en Granada, la señora de Rodríguez se puso en pie sobre la mesa del banquete y gritó: «*¡Viva la Siensia!*»; y se asegura que un día, durante una recepción en El Pardo, don Julio Rodríguez le preguntó a doña Carmen, esposa de Franco:

—Señora, ¿dónde están los servicios?

«No disponemos de elefantes»

Cuando el gobierno de Franco negociaba la visita del presidente Eisenhower a España a finales de los años cincuenta, el embajador Areilza regaló al presidente americano una copia del retrato de George Washington que está en la Academia de Bellas Artes de Madrid. Pero no fue el único regalo. Eisenhower recibió del gobierno español un burro garañón de muy buena raza. El presidente se echó a reír y le preguntó al embajador si era cierto que todas las mulas de Virginia y Maryland descendían de los asnos que Carlos III regaló a Washington. A continuación, el presidente, que como se sabe pertenecía al Partido Republicano, le dijo al embajador:

—Ya sabe usted que este animal es el símbolo del Partido Demócrata.

Areilza respondió:

—Señor presidente, en España no disponemos de elefantes.

Evita y los curas

Cuando el ministro español de Asuntos Exteriores, Martín Artajo, visitó Argentina para asistir a la fiesta de la Hispanidad el 12 de octubre de 1948, la esposa de Perón, Evita, se divirtió diciéndole algunos disparates anticlericales. Durante una visita a un hogar de ayuda social, Martín Artajo preguntó por el aspecto religioso de la obra. La señora de Perón dijo:

—Teníamos curas pero hubo que echarlos porque pedían sin cesar aumento de jornal para decir la misa. Además, a más de uno lo encontramos en la cama por las mañanas con una mucama.

El ministro no entendió esta última palabra y provocó la risa de Evita al preguntar:

—¿Qué es eso? ¿Alguna prenda de abrigo?

El conde de Foxá

La época franquista tuvo en Agustín de Foxá la personificación del humor político, siempre un poco cínico y mordaz en sus comentarios. Son innumerables las anécdotas que se cuentan de este diplomático y escritor a quien Malatesta llegó a considerar con evidente exageración «el hombre más peligroso de Europa». En los años cincuenta, España había firmado el acuerdo con Estados Unidos sobre las bases militares y el Concordato con el Vaticano. Un visitante extranjero preguntó cuál era el contenido de esos acuerdos. Foxá dijo:

—Es sencillo. Lo que quiere decir es que a cada español le corresponden diez dólares y cien días de indulgencias.

También se contaba que un dirigente estadounidense le reprochaba su antiamericanismo y le decía: «Ustedes critican a los norteamericanos pero no tienen inconveniente en recibir los dólares de la ayuda.»

Foxá replicó:

—También nos gusta el jamón y no nos tratamos con los cerdos.

Siempre que Foxá estaba presente podían estar seguros sus acompañantes de escuchar una frase acertada o un cáustico comentario. Un día llegó tarde a una reunión de diplomáticos con el ministro de Asuntos Exteriores, don Alberto Martín Artajo, hombre muy devoto. Y preguntó a un compañero:

—¿A qué hora ha dicho que es la misa?

Un grupo de religiosos, funcionarios y periodistas fueron al Japón con una reliquia: el brazo incorrupto de san Francisco Javier. En una de las recepciones que con este motivo se celebraron, Foxá tomó la palabra para decir:

—Pido un aplauso para estos hombres que han sido capaces de dar la vuelta al mundo con el brazo en alto.

Del cinismo inteligente del famoso diplomático queda esta frase:

—Hagamos de España un país fascista y vayámonos a vivir al extranjero.

Sin nada

En 1922, el partido liberal de Lloyd George abandonó el poder como consecuencia del triunfo conservador en las urnas. Churchill, ministro hasta entonces, ni siquiera obtuvo escaño en las elecciones. Acababa de sufrir una operación de apendicitis y con cierta tristeza mezclada con su humor habitual comentó:

—Estoy sin cartera, sin cargo, sin escaño, sin partido y sin apéndice.

Churchill y los fantasmas

—¿Cree usted en los fantasmas? —le preguntó una señora a Winston Churchill durante una cena.

—Sí, señora —respondió el político.

Ella insistió:

—Usted, ¿ha visto alguno?

Y respondió Churchill:

—No, señora, los verdaderos fantasmas son los que no se ven.

Promesas

El político laborista Ramsay MacDonald coincidió en una ocasión con Winston Churchill en casa de una aristócrata londinense. Aunque hizo todos los esfuerzos posibles para no hablar de política, Churchill terminó diciéndole a MacDonald:

—Ustedes no podrán cumplir jamás las promesas que hacen al pueblo.

MacDonald replicó:

—Posiblemente, pero por lo menos cumpliremos las que ustedes les hacen.

La Cruz de Lorena

Las relaciones entre Churchill y el general De Gaulle eran difíciles. A pesar de estar los dos en el mismo bando tenían frecuentes diferencias casi siempre debidas al carácter del general francés. De ahí que Churchill dijera en una ocasión:

—Todos llevamos nuestra cruz. A mí me ha tocado llevar la Cruz de Lorena.

(Hay que recordar que la Cruz de Lorena es un relicario con un fragmento del *lignum crucis,* que era el símbolo de la Casa de Anjou. Su bandera llevaba una cruz de color rojo sobre fondo azul y

De Gaulle la eligió como emblema de la Francia Libre, en oposición a la cruz gamada de los alemanes.)

La URSS y el demonio

Churchill no ocultaba su antipatía por la Unión Soviética y sus gobernantes. Pero, durante la guerra mundial, no tenía más remedio que llevarse bien con los comunistas; para él cualquier enemigo de los alemanes era su amigo. Decía, en frase que no dejaba lugar a dudas respecto a sus verdaderos sentimientos:

—Si Hitler invadiera el Infierno, yo haría por lo menos una referencia agradable al demonio en la Cámara de los Comunes.

Churchill y la Providencia

Durante la guerra de Corea, Attlee gobernaba el Reino Unido y Churchill estaba en la oposición. En una de las cenas que solía ofrecer a su «gabinete en la sombra», Churchill dijo:

—El viejo es muy bueno conmigo. Si yo hubiese estado en el lugar de Attlee, no habría podido dominar la actual situación.

Uno de los comensales le preguntó:

—¿A quién se refiere cuando dice «el viejo»?

—A Dios —respondió Churchill.

Churchill y Attlee

He aquí la forma que Winston Churchill tenía de ningunear a sus adversarios políticos. En una ocasión dijo, por ejemplo:

—El otro día estábamos delante del palacio de Buckingham esperando que empezara la ceremonia. De pronto vimos llegar un coche vacío que se detuvo delante del palacio. Un ujier abrió la portezuela y del interior del coche salió mister Attlee.

Attlee, inaccesible

Los biógrafos de Clement Attlee, primer ministro laborista inglés después de la segunda guerra mundial, dicen que era un hombre inaccesible. Cuando recibía a un visitante en el número 10 de Downing Street, dejaba sobre la mesa la pluma y miraba al recién llegado sin decir nada. Cuando deseaba terminar la entrevista se quitaba la pipa de la boca, miraba rápidamente el reloj y hacía intención de levantarse emitiendo un gruñido de despedida. No hacía falta más para que el visitante abandonara el despacho.

Attlee y la poesía

Uno de los ministros de Clement Attlee era poeta y deseaba publicar un libro con sus últimas composiciones. Un compañero de gabinete le dijo que no estaba bien que un ministro publicara un libro sin el previo consentimiento del *premier*. El poeta escribió a Attlee una carta informándole de su propósito y diciéndole que no creía necesario enviarle el original del libro porque era de poesía. Sin embargo, Attlee pidió verlo y el autor se lo envió. Pasaron varias semanas y al ver que el primer ministro no contestaba el autor llamó a Downing Street. Attlee le dijo:

—No se puede publicar. Los versos no riman.

Yo soy Francia

Luis XIV dijo «El Estado soy yo». Mme. Du Barry se dirigía a Luis XV llamándole «Francia». Y el general De Gaulle decía abiertamente «Yo soy Francia». El 18 de junio de 1940 declaró:

—Ante la confusión de las almas francesas... yo, general De Gaulle, soldado y jefe francés, tengo conciencia de hablar en nombre de Francia.

El 13 de julio exclamaba:

—Pues bien, ya que los que tenían el deber de manejar la espada de Francia la han dejado caer rota, yo he recogido los trozos de esa espada.

Dos Alemanias

La división de Alemania como consecuencia de la segunda guerra mundial dio origen a la famosa frase del escritor francés François Mauriac que hoy suena antigua pero que, en su época, recogía la opinión de muchos franceses:

—Me gusta tanto Alemania que me encanta que haya dos.

Stalin según De Gaulle

En sus *Memorias de Guerra,* De Gaulle describe a Stalin como hombre que se da «una apariencia de rústico y de cultura rudimentaria y que aplica a los problemas más amplios un rudo buen sentido». Y añade que de cuando en cuando bromea, amenazando a sus sumisos ayudantes que lo miraban y temblaban. Según De Gaulle, Stalin tenía la palabra adecuada para hacer reír pero sus bromas traicionaban su ferocidad. Fingía, por ejemplo, querer mandar a Siberia a un intérprete «porque sabe demasiado»; o bien le decía a De Gaulle en voz muy alta para que pudieran oírle los funcionarios soviéticos que negociaban en la habitación de al lado:

—Ah, esos diplomáticos. ¡Qué charlatanes! Sólo hay un medio para hacerlos callar: matarlos con la ametralladora. ¡Bulganin! ¡Ve a buscar una!

Eisenhower y Nixon

Richard Nixon se vanagloriaba siempre de lo mucho que había colaborado con el presidente Eisenhower siendo su vicepresidente. Un día, un periodista preguntó al general si podía citarle alguna de las decisiones en que Nixon hubiese intervenido. A pesar de que Estados Unidos se encontraba en aquel momento en plena campaña electoral para las elecciones del año 1960 entre Nixon y Kennedy, Eisenhower no prestó gran ayuda a su vicepresidente, porque le dijo al periodista:

—Déjeme pensar una semana. Acabaré por encontrar una.

Truman y Kennedy

El padre de los Kennedy tenía buena reputación como hombre de negocios pero no tanto por sus opiniones políticas. Los liberales le reprochaban haber tomado partido en favor de los franquistas y haber manifestado ya antes de la guerra simpatía por los nazis y su política antisemita. Harry Truman, poco antes de las elecciones de 1960, cuando se discutía si era conveniente para Estados Unidos tener un presidente católico, dijo estas palabras:

—Lo que me preocupa en el caso de Jack Kennedy, no es el papa sino el papá.

Una familia al poder

Por algunas declaraciones de los Kennedy, daba la impresión de que quien quería llegar a la presidencia de Estados Unidos no era tanto uno de sus miembros como la familia en su conjunto. En 1957, el padre del futuro presidente, Joseph F. Kennedy, decía: «Yo fui quien metió a Jack en la política. Le dije que Joe había muerto y que, en consecuencia, era responsabilidad suya presentarse al Congreso.» Dos años más tarde John Kennedy afirmó: «De la misma manera que acudo a la política porque mi hermano Joe murió, sea lo que fuere lo que mañana pudiera ocurrirme, Bobby se presentaría en mi lugar en el Senado. Y si Bobby muriera, nuestro hermano pequeño se ocuparía de este asunto.»

Las razones de Kennedy

José María de Areilza había conocido a Kennedy en la segunda mitad de los años cincuenta. Areilza era entonces embajador en Washington y Kennedy era senador. En 1960 Areilza fue nombrado embajador en París y Kennedy ganó las elecciones a la presidencia. En su primera visita a la capital de Francia Kennedy encontró en una recepción del Hotel de Ville al embajador español y le dijo:

—Así que estás aquí de embajador. A mí también me hubiera gustado ser embajador en París pero había tantos aspirantes al cargo que opté por presentarme a la presidencia.

Kennedy y el humor

En comparación con el presidente Eisenhower, que siempre estaba serio y rodeado de solemnes colaboradores, John F. Kennedy tenía sentido del humor. Utilizaba casi siempre el resorte de la ironía al comenzar sus intervenciones públicas. Un día de 1961 en París, se presentó a los periodistas diciendo:

—Soy el muchacho que acompaña a Jacqueline Kennedy.

En otra ocasión le preguntaron cómo se había convertido en héroe y él replicó:

—Por casualidad. Hundieron mi barco.

El desgaste del poder

Giulio Andreotti ha sido uno de los grandes profesionales de la política de nuestro tiempo. El que fue varias veces ministro y jefe del gobierno italiano es un consumado maestro en el arte de la política. En una ocasión, estando en Madrid, un periodista le preguntó en una conferencia de prensa: «Señor ministro, ¿el poder desgasta?» El señor Andreotti respondió lacónicamente:

—Sí, sobre todo cuando no se tiene.

Isabel II y la señora Thatcher

El humor inglés encontraba un cierto parecido en la forma de vestir de la reina Isabel II y la de la señora Margaret Thatcher. Lo decía un chiste que fue muy popular en la época de gobierno de la Dama de Hierro. ¿En qué se parecen la reina y la *premier*?

—En que a ambas las viste el mismo tapicero.

Gran Bretaña y el Continente

Cuando se inauguró el túnel del Canal de la Mancha entre Francia e Inglaterra, el presidente François Mitterrand y la primera ministra británica Margaret Thatcher pronunciaron discursos poniendo de relieve lo que aquella gran obra de ingeniería significaba para la unidad de Europa y el acercamiento entre los dos pueblos. El presidente francés, con su fino sentido del humor, dijo en un momento de su discurso, aludiendo a la vieja y ya anticuada política inglesa de la *splendid isolation*:

—A partir de ahora, el Continente ya no está aislado.

Adolfo Suárez

El presidente Suárez fue el autor material de la transición española de la dictadura a la democracia. Después tuvo que ver que la UCD, el partido que había creado para llevar a cabo su obra, se desmoronaba y acababa perdiendo su influencia hasta desaparecer de la escena política. La discordia acabó con la Unión de Centro Democrático. Poco tiempo antes de dimitir como presidente del Gobierno, pronunció una expresiva frase al salir de una reunión de su partido:

—¿Por qué no nos querremos más?

«El malvado comunismo»

Una de las mayores pruebas por las que tuvo que pasar Adolfo Suárez en la transición democrática fue la legalización del Partido Comunista en el famoso Sábado Santo Rojo de 1977. Sin esa legalización no habría sido creíble que España iba hacia una democracia. Conocida es la oposición que suscitó entre algunos militares. Se cuenta que, cuando se reunió en un hotel de Madrid la Cumbre Eurocomunista en la que participaron Berlinguer, Marchais y Carrillo, el capitán que custodiaba el local sufrió a media mañana un ataque de histeria y se puso a pisotear su propia gorra de plato preguntándose qué hacía él allí protegiendo al «malvado comunismo internacional». Hubo que sustituirlo por alguien más comprensivo.

La púrpura es pesada

El presidente de gobierno español a comienzos de los años ochenta, don Leopoldo Calvo Sotelo, escribe en su libro *Memoria viva de la transición* a propósito del «peso de la púrpura»:

«No es verdad que el político cesante se quede enfermo de melancolía y quiera volver al paraíso perdido. La púrpura del poder es pesada y deja más alivio que nostalgia cuando se pierde. Desconfíen ustedes del ministro alegre en su poltrona y triste en la cesantía: es que no se enteró bien de su ministerio, o que no mandaba mucho, o que no merecía ser ministro. En un sistema parlamentario, el llamado ejercicio del poder se parece mucho al ejercicio funámbulo de la cuerda floja...»

Felipe y el marxismo

El abandono del marxismo por el Partido Socialista Obrero Español en 1979 fue precedido por una famosa frase de su secretario general, Felipe González: «Prefiero morir apuñalado en el metro de Nueva York que vivir en la Unión Soviética.» Santiago Carrillo, en su libro *Juez y Parte. 15 retratos españoles,* dice que tanto el abandono del marxismo por parte del PSOE como la frase de Felipe respondieron a la necesidad del líder socialista de tranquilizar a los poderes fácticos de la economía, a fin de que no temieran su acceso al gobierno de la nación. Y explica Carrillo que a González le pasaba lo que años atrás al líder socialista Indalecio Prieto: que el marxismo no le interesaba en absoluto. Se conoce que ese desinterés era común a muchos socialistas. El *premier* laborista inglés Harold Wilson le dijo a otro político español que nunca había podido pasar de la primera página de *El Capital.*

Baraka

Santiago Carrillo califica a Felipe González de estadista y reconoce que, en sus años de gobierno, se convirtió en una de las más importantes cabezas del europeísmo. Su talento político, añade, ha ido acompañado de la suerte, «de una notable *baraka* que quizá le venga de familia. Porque ya fue fortuna excepcional la de su padre —presidente del Centro azañista de Puebla del Río en 1936—, al escapar con vida a la bárbara represión desencadenada cuando Queipo de Llano se adueñó de Sevilla».

El ingenio del viejo profesor

A don Enrique Tierno Galván se le llamaba «el viejo profesor» desde mucho antes de que fuera anciano. Don Enrique fue uno de los políticos más ingeniosos de la España contemporánea. En los comienzos de su mandato un periodista le preguntó si no le mortificaba mucho hacer el «viacrucis» de las entidades financieras para recabar de ellas que ayudaran al Ayuntamiento. Tierno contestó: «Oh, no. Tenemos concejales para eso. Tenemos concejales para el martirio.» Otro periodista le preguntó entonces si no tenía que tragarse muchos sapos por las mañanas. «No me inquieta —respondió el alcalde—. Con lo adulterados que están hoy los alimentos.» A la pregunta de si pensaba asistir a la procesión del Corpus, Tierno contestó: «No se debe abusar de la presencia de las autoridades en las procesiones. Eso es una acumulación de gloria.» El viejo profesor tenía siempre grandes diferencias con su propio partido, el PSOE, y mantenía siempre sus distancias. El mismo Felipe González decía en una ocasión: «Para que se vea cómo es Tierno. A mí, toda España me llama Felipe menos él. Cuando me ve me dice dándome un golpecito en la espalda: "¿Qué tal, González, cómo estamos?"» Durante su primera campaña a la alcaldía, Tierno reprochaba al PSOE que no hubiese fijado suficientes carteles con su efigie en las calles de Madrid. Un día estaba hablando con Felipe González y Alfonso Guerra de la cuestión de los carteles y de pronto se presentó un sordomudo que empezó a gesticular ante el viejo profesor. Según me contó una periodista que estaba presente, don Enrique tradujo lo que le había dicho el sordomudo con sus gestos y exclamó ante la sorpresa de los líderes socialistas: «Lo que dice el compañero. ¡No hay carteles!»

Vocación

Ana Botella, esposa del presidente del Gobierno José María Aznar, declaró a un periodista que, cuando a su marido, siendo todavía un niño, le preguntaban lo que quería ser de mayor, respondía:

—Presidente del gobierno.

El anuncio se ha cumplido. Y el caso es que cuatro años antes de llegar a la presidencia, alguien lo profetizó. No fue un astrólogo sino un cura. En el verano de 1992, según cuenta un «aznarólogo», don José María asistía a misa en Langayo, un pueblo de la provincia de Valladolid, próximo a Peñafiel. Antes de decir el *Ite missa est,* el sacerdote interrumpió la ceremonia y dijo:

—Queridos hermanos, hoy tenemos el honor de compartir la celebración del santo sacrificio con el futuro presidente del Gobierno...

Y añadió:

—Al que ruego suba al altar para dirigirnos unas palabras.

Aznar no quiso hacer lo que le pedía aquel cura que mezclaba las cosas de Dios con las del César. Se limitó a situarse en la puerta y saludó uno a uno a los asistentes a la misa.

El político gastrónomo

En nuestra época, el político europeo más aficionado al buen comer ha sido el canciller alemán Helmut Kohl. Colaboró con no pocas recetas en un libro de cocina que firmó su mujer. Le gustaba hablar de comida y no sólo era *gourmand* sino también *gourmet*. Si le era posible, prolongaba las sobremesas y, en sus discursos, hacía alusiones a los vinos. En un banquete en Sevilla, cuando presidía el gobierno español Felipe González, dedicó gran parte de su brindis a hacer la comparación de los vinos andaluces con los del Palatinado, su tierra. Siendo ya Aznar presidente, Kohl tomó Vega Sicilia en una comida en El Escorial y pidió visitar las bodegas aquella misma tarde. Cuando Aznar fue a Alemania, Helmut Kohl, para romper la frialdad de sus relaciones, le llevó a una famosa cervecería de Heidelberg que él frecuentaba de estudiante. Pidió una jarra y otra para el presidente español. Aznar pecó de excesiva sinceridad. Dijo: «No tomo cerveza», y al canciller no pareció sentarle muy bien la respuesta. En una cumbre europea celebrada en Madrid, Kohl demostró su interés por la comida.

Al terminar la cena oficial en el Palacio de Congresos, dijo a los que estaban con él:

—Ahora, vámonos a cenar.

«Si te falla el oficio»

Don Juan Carlos ha acreditado su fama de ser una persona simpática y accesible y de tener sentido del humor. Es célebre la anécdota de que el rey, un día que había salido a dar un paseo en moto por la carretera de La Coruña, recogió a un automovilista que se había quedado sin gasolina y lo llevó en la moto hasta la estación de servicio más próxima. En las recepciones que da en palacio este «Rey sin Corte», se le ve hablar con todo el mundo. Se acerca a los grupos para conversar con los invitados. En una ocasión vio a unos periodistas que estaban fumando. Se aproximó a ellos y les dijo aludiendo al precioso parquet del comedor de gala de palacio: «No tiréis las colillas al suelo que esto no es mío.» Suele bromear con los que hablan con él y también con las personas de su familia. Cuando nació el hijo de la infanta Elena, don Felipe Juan Froilán de Todos los Santos, Don Juan Carlos dijo ante las cámaras de televisión en frase que sonaba algo «republicana»:

—Tiene cara de Borbón.

Otro día, mientras él hablaba en inglés con un visitante, entró en el salón su hijo, que todavía era un niño, y saludó en inglés. El rey dijo:

—Hombre, magnífico, si alguna vez te falla el oficio de tu padre podrás ganarte la vida como traductor.

«No ha resucitado»

En los primeros tiempos de la transición dos altos jefes de la Armada visitaron a don Juan Carlos en el palacio de La Zarzuela. Mostraron ante el rey su preocupación por el curso que estaba tomando el proceso político. Uno de ellos dijo que «Franco no hubiese permitido» lo que estaba pasando. El rey replicó:

—Podéis decirme lo que queráis. Salvo una cosa: que Franco ha resucitado. Está muerto. Y España será lo que nosotros hagamos; vosotros, todos los españoles y yo.

Autógrafos, no

Paseando un día por Oviedo, la primera vez que, siendo aún un niño, visitó Asturias, don Felipe de Borbón y Grecia fue abordado por una señora que le pidió un autógrafo. El príncipe dejó en buen lugar a los que dicen que «no se corta ni un pelo» porque contestó sin pensárselo:

—Lo siento, señora. No puedo firmar autógrafos. No soy Miguel Bosé.

Tres presidentes

Entre los muchos chistes que salieron en Estados Unidos y en todo el mundo con motivo del caso Lewinsky, que tan seriamente comprometía al presidente Bill Clinton, uno de los de mayor carácter político decía así:

—Lincoln era incapaz de decir una mentira; Nixon era incapaz de decir la verdad; Clinton no distingue entre una y otra.